BÄUMLER:

GRUNDFRAGEN DER MODERNEN ENTWICKLUNGSPSYCHOLOGIE

GRUNDFRAGEN DER MODERNEN ENTWICKLUNGSPSYCHOLOGIE

von

Dr. phil. Friedrich Bäumler
Professor für Psychologie
Pädagogische Hochschule Reutlingen

1974

VERLAG JULIUS KLINKHARDT · BAD HEILBRUNN/OBB.

1974. 12. Nn.
Gesamtherstellung: Graphischer Großbetrieb Friedrich Pustet, Regensburg
Printed in Germany 1974
ISBN 3 7815 0204 X

Vorwort

Die zwanziger und dreißiger Jahre dieses Säkulums hatten die Entwicklungspsychologie im deutschsprachigen Raum in eine Epoche vielfältiger Beobachtungen und Untersuchungen an Kindern und Jugendlichen geführt, deren Autorennamen zum Teil noch heute im Raum stehen. In jener Zeit wurde die Entwicklungspsychologie für die Nachbardisziplinen, im besonderen für die Pädagogik fruchtbar. Es galt dortmals als gesichert, daß die ontogenetische Entwicklung des Kindes und des Jugendlichen sich in einer gegliederten hierarchischen Reifungs-Folge von Stufen und Phasen repräsentiert. An der Deskription dieses geordneten Ablaufs orientierte sich das erzieherische Verhalten, und die Bildungsinstitutionen versuchten ihre Lehr- und Bildungspläne darnach aufzubauen. Ein einleuchtendes Prinzip, das ohne Fehler zu sein schien und das in der Forderung der Stufentreue und der Kindgemäßheit gipfelte! Einer geordneten Abfolge von Entwicklungsstufen und Phasen sollte ein darauf abgestimmtes Erziehungsverhalten und eine nicht minder geordnete Sequenz ausgewählter Stoffabschnitte in den Curricula entsprechen.

Die neueren Forschungsergebnisse der Psychologie aus dem anglo-amerikanischen, dem französischen, dem deutschsprachigen und auch dem russischen Sprachbereich haben seit dem Beginn der vierziger und fünfziger Jahre aus einer solch fixierten Sicht herausgeführt, das Blickfeld geweitet und auf die Dynamik im Entwicklungsgeschehen verwiesen.

Das teilweise eingeengte und stark auf Vererbung und Reifung festgelegte Entwicklungsdenken konnte revidiert werden zugunsten einer Sichtweise, welche über Anlage und Wachstum als bedingende Faktoren hinausgreift und hinführt zu einer Akzentuierung der Anpassungsprozesse des Menschen an die Umgebung und eines Aktivwerdens, in welchem der Mensch sein Milieu gestaltet und sich so die Umgebung seiner Lebensform anpaßt. Die Heraushebung der Bedeutung des soziokulturellen Lernens läßt den menschlichen Entwicklungsgang als eine Sequenz von Erlebens- und Verhaltensbereitschaften beschreiben, auf welche die Umwelt formend einwirkt. Eine mehrdimensionale Sichtweise erkennt das Ineinandergreifen der bedingenden Faktoren und der bewirkenden Variablen und sieht die Komplexität der Entwicklungsprozesse.

Unter diesen Aspekten werden sowohl der Entwicklungsbegriff, die Prinzipien sowie die Modelle der Entwicklungspsychologie einer Revision unterzogen. Auch die Forschungsmethoden haben sich verbessert. Es zeigt sich bereits heute, daß die moderne Entwicklungspsychologie wiederum ihre Auswirkungen auf die benachbarten Wissenschaften hat. Falls irgendwo noch die antiquierte Ansicht vertreten wird, die Psychologie beziehe ihre wichtige Position im Studium der Sozial- und Erziehungswissenschaften lediglich aus der Herbart'schen Tradition heraus, so wird geraten, Einblick in die breite Palette fundierter neuerer psychologischer Forschungsergebnisse zu nehmen. Dann wird sich die Erkenntnis einstellen, daß für das Erziehungsverhalten und die Bildungsintentionen im Vorschulalter, auf der Elementarstufe, der Primarstufe und der Sekundarstufe I und II eine Grundlegung aus psychologischer Sicht nicht eliminiert werden kann.

Sowohl für Psychologen und Lehrer, als auch für Kindergärtnerinnen, Erziehungsberater, Fürsorger, Psychagogen, Jugendrichter, Bewährungshelfer und Sozialpädagogen ist das Studium entwicklungspsychologischer Literatur angezeigt.

Diese Schrift legt die Grundfragen und die Standorte der derzeitigen Entwicklungspsychologie konzentriert dar und will zum Studium der speziellen Literatur der modernen Entwicklungspsychologie anregen und hinführen. Die erörterten Probleme können zugleich Diskussionsgrundlagen für die differenzielle Entwicklungspsychologie, die Pädagogische Psychologie, die Lernpsychologie und die Sozialpsychologie darstellen.

Es sei nicht versäumt, allen denjenigen zu danken, welche dazu beigetragen haben, daß das Buch entstehen konnte. Zuerst werden hier die Studierenden der Pädagogischen Hochschule Reutlingen genannt, die in Seminaren und Übungen durch ihre Diskussionsbeiträge die Probleme mit angingen und durch kritische Ansätze zur Vertiefung beitrugen. Auch die Arbeit der Schreibkräfte wird gewürdigt.

Dem Verlag Julius Klinkhardt, Bad Heilbrunn, gilt der besondere Dank für die sofortige Bereitschaft, das Manuskript zu übernehmen, für die rasche Drucklegung und für die gute Ausstattung.

Friedrich Bäumler

Inhalt

Vorwort 5

I. *Einleitende Vorbesinnung auf das Wesen und die Stellung des Menschen* (aus der Sicht von Anthropologie und vergleichender Verhaltensforschung) 9
1. Die Besonderheit des Menschen bei seiner Geburt 10
2. Die physisch-morphologische Eigenart des Menschen 11
3. Der Mensch ist ein Kultur- und Sozialwesen 12
4. Die Frage nach der Sonderstellung des Menschen 13

II. *Die Auseinandersetzung um den Entwicklungsbegriff* 24
1. Der Entwicklungsbegriff in der Geschichte 24
2. Der Entwicklungsbegriff in der Soziologie 25
3. Der Entwicklungsbegriff in der Philosophie 26
4. Der Entwicklungsbegriff im naturwissenschaftlichen Bereich 27
5. Sichtweisen der Pädagogik 28
6. Der Entwicklungsbegriff in der Psychologie 33

III. *Die Determinanten der Entwicklung* 38
1. Die Vererbung 38
2. Erste Prägung 42
3. Wachstum und Reifung 46
4. Die soziale Determinante 52
5. Entwicklung als Enkulturation 63
6. Entwicklung als aktive Gestaltung 75

IV. *Prinzipien der Entwicklung* 88
1. Differenzierung 88
2. Zentralisation 90
3. Strukturierung 91
4. Integration 93
5. Selektion 94
6. Kanalisation 95

V. *Entwicklungsmodelle* 99
1. Das Modell der aufsteigenden Linie 100
2. Das Wachstumsmodell 101
3. Schichtmodelle 102
4. Stufen- und Phasen-Modelle 104
5. Periodik, Wiederholung, Spiralenmodell 108
6. Die Frage nach neuen Modellen 111

VI. *Forschungsmethoden der Entwicklungspsychologie* 117
1. Die Beobachtung 118
2. Aufsätze 122

3. Dokumente und ihre Bedeutung 123
4. Fragebogenmethode 124
5. Die Exploration 126
6. Experiment und Test 127
7. Querschnittsuntersuchungen 130
8. Längsschnittstudien 132
9. Die Koppelung von Längsschnitt- und Querschnittverfahren 134
10. Auswertung, Darstellung und Interpretation 135
11. Schlußinterpretation und Veröffentlichung 137

Literatur 140
Namensregister 151
Sachregister 154

I. Einleitende Vorbesinnung auf das Wesen und die Stellung des Menschen

(aus der Sicht von Anthropologie und vergleichender Verhaltensforschung)

Die Anthropologie als ein Wissenschaftsbereich, dessen zentrales Thema der Mensch ist, kann nicht bei einer eindimensionalen Betrachtungsweise verharren. Sie muß letzten Endes so vielschichtig sein, wie es der Mensch in seinem Verhalten und Erleben selbst ist, den sie sich zum Forschungsgegenstand gesetzt hat, und kann ebenso viele Aspekte ausbreiten, wie es unterschiedliche Sichtmöglichkeiten auf den Menschen gibt. So wurde denn auch von verschiedenen Disziplinen die Frage nach dem Menschen und seiner Stellung aufgeworfen. Es gibt eine biologische und eine philosophische Anthropologie, eine Sozial- und eine Kultur-Anthropologie, eine pädagogische und eine psychologische Anthropologie. Wie verschieden auch immer die Methoden und die Forschungsansätze dieser unterscheidbaren Richtungen sein mögen, bei allen steht die Frage nach dem Wesen des Menschen im Zentrum und fordert zu gegenseitiger Abklärung und Stellungnahme heraus.

Trotz einer Reihe wissenschaftlicher Einzeldisziplinen hat die Anthropologie stets versucht, zu einer umfassenden Theoriebildung über das Wesen und die Stellung des Menschen in der Welt zu kommen. Diese Theorien sind des öfteren von spekulativen Gedankengängen durchzogen, ja werden von solchen getragen.

Von keinem der Standorte im Diskussionsfeld der Anthropologie, der Verhaltenspsychologie und der vergleichenden Verhaltensforschung wird bezweifelt, daß der Mensch bei seiner Geburt ein noch unfertiges Wesen ist, welches sich entwickelt. Greifen wir hier die Erkenntnisse auf, die für die Entwicklungspsychologie relevant sind: Die Verhaltenspsychologie braucht für ihr wissenschaftliches Fundament objektive Beobachtungen und meßbare Daten. Sie versucht, die Postulate empirisch zu verifizieren. Ist das nicht möglich, so haben sie keine Gültigkeit und müssen revidiert oder eliminiert werden. Wenn erforderlich, kann die Forschung mit operationalen Definitionen einsetzen und sowohl die Grundvariablen als auch die intervenierenden Variablen herausstellen, welche zur Erfassung der menschlichen Verhaltensweisen führen.

So versucht die Psychologie den Menschen zu erfassen wie er in seiner Umwelt steht. Sie fragt nach seinen Verhaltens- und Erlebensweisen, nach der Verarbeitung des Erlebten im Bewußtsein und im Unbewußten. Sie fragt nach seinen Reaktionen und seinen Aktivitäten, nach seinen Spannungen und seiner Unstetigkeit, nach seiner Sicherheit und Verunsicherung, nach den Konflikten, den Frustrationen und den Ängsten, nach seiner Dynamik als Individuum und in der Gemeinschaftsbezogenheit. Die Psychologie übernimmt die Vertretung der Positionen des Wesens ›Mensch‹, das in seinem Verhalten durch die Umwelt maßgeblich geformt wird und versteht sich in gewissem Sinne als Sachwalterin dieses Lebewesens.

1. Die Besonderheit des Menschen bei seiner Geburt

Der Mensch ist vom Beginn seines Daseins für ein menschliches Leben angelegt. Schon bei seiner Geburt weist er Besonderheiten auf, die seine Stellung kennzeichnen. Nach Portmann nimmt das Neugeborene eine Mittelstellung zwischen einem Nesthocker und einem Nestflüchter ein[1]. In der phylogenetischen Entwicklungsreihe gesehen und mit den höheren Säugetieren verglichen, wäre der Mensch den Nestflüchtern zuzugesellen, welche nach der Geburt rasch den bergenden Raum der Eltern verlassen. Aber der Mensch bedarf aus einer anfänglichen Hilflosigkeit heraus der langen Pflege, ohne die er zugrunde gehen würde und muß als Nesthocker gekennzeichnet werden, der in seinem Entwicklungsgange über lange Zeit der Handreichungen und der Hilfe bedarf. Um die auffallende und abstechende Geartetheit des Menschen bei seiner Geburt terminologisch zu fassen, wählt Portmann die Bezeichnung: »sekundärer Nesthocker« oder: »zu früh geborener und gefesselter Nestflüchter« und »physiologische oder normalisierte Frühgeburt«.

Dieser Ansatz birgt bedeutsame Grundlegungen in sich. Das Nesthockersein stellte den Menschen in eine Situation intensiver Abhängigkeit. Das Zufrühgeborensein bringt Hilfsbedürftigkeit und Schwäche mit sich. Der am Beginn seiner Entwicklung stehende Mensch benötigt nicht allein äußere Pflege und Versorgung, er bedarf der liebevollen Zuwendung. Das Bedürfnis nach Geborgenheit ist beim Säugling im 1. Lebensjahr, dem extrauterinen Früh-Jahr, besonders stark. Es ist jedoch mit dem Ende des 1. Lebensjahres keinesfalls abgetan. Das enge Beziehungsverhältnis zu betreuenden Menschen bildet auch in den folgenden Jahren eine bedeutende Grundlage für sein Gedeihen. Frustrationen vermögen den Menschen in seiner Entwicklung zurückzuwerfen und können Retardierungserscheinungen hervorrufen. Das erlebte Gefühl der Geborgenheit führt zum Vertrauen gegenüber der personalen und der materiellen Umwelt. Aus dieser Einstellung heraus geht das Kind aktiv auf die Umwelt zu, sammelt seine Erfahrungen und kann in seiner Art explorierend, ja kreativ werden.

2. Die physisch-morphologische Eigenart des Menschen

In der Tierwelt finden sich in die Lebensräume eingepaßte Wesen. Spezifische Umwelten werden durch spezialisierte, darin lebensfähige Arten bewohnt. Gehlen stellt fest, daß die Umwelten der größten Anzahl von Tieren nicht auswechselbar sind, weil ihr Organbau an die Besonderheiten der Umgebung angeglichen ist. Von einer solchen Eingepaßtheit und der damit verbundenen Sicherheit hebt sich die menschliche Existenz deutlich ab. Der Mensch hat nicht die naturgegebene Schärfe der Sinnesrezeptoren, wie sie die Tiere ihr eigen nennen. Er hat kein Körperhaarkleid, um sich der Witterung ohne Bedeckung aussetzen zu können. Er besitzt weder eine spezifische Fluchtausrüstung für die Verteidigung oder den Angriff. »Mit anderen Worten: innerhalb natürlicher, urwüchsiger Bedingungen würde er als bodenlebend inmitten der gewandtesten Fluchttiere und der gefährlichen Raubtiere schon längst ausgerottet sein.«[2] Als der am meisten ins Gewicht fallende Unterschied zum Tier wird die mangelnde Instinktausrüstung betont, welche aus biologischer Sicht ein Risiko darstellt. Das Verhalten der Tiere ist instinktgeleitet. Sie reagieren und agieren mit Hilfe ihrer mitgebrachten Ausrüstung zum Teil in bewundernswert sicherer Art und haben dadurch eine Steuerung, welche sowohl der Selbsterhaltung als auch der Arterhaltung dienlich ist. Nicht so der Mensch! Er kennt die weitgehende Eingebettetheit in die

Umwelt und die Instinktsicherheit nicht in dem Ausmaße wie das Tier. Wir finden bei ihm zwar noch Rudimente des Instinktverhaltens (Kindchenschema u. a.), aber nirgends ist bei ihm die Verhaltenssteuerung auf dieser Basis so sicher und zuverlässig, daß er sich absolut darauf verlassen kann. Eine von einer solchen Plattform angesetzten Betrachtungsweise der Zurüstung des Menschen für seine Umwelt führt zu der Kennzeichnung des Menschen als eines Mängelwesens, das von der Natur vernachlässigt wurde. Die auffallende Unangepaßtheit bestimmt morphologisch den Menschen als ein schlecht ausgerüstetes Wesen[3], das keinesfalls für ein Leben in der freien Wildbahn vorgesehen sein kann.

3. Der Mensch ist ein Kultur- und Sozialwesen

Von seinen ersten Anfängen ist das menschliche Individuum auf ein menschliches Dasein angelegt[4]. Wenn er im Vergleich mit der Instinktausrüstung der Tiere als Mängelwesen gekennzeichnet wird, so bedingt dieses Fehlen angeborener Verhaltensmuster eine große Lernbedürftigkeit. H. Roth stellt heraus, daß die Fähigkeiten des Menschen in den Lernprozessen eine »einmalige Steigerung erfahren und einen unvergleichbaren Variationsreichtum sowie eine einmalige Leistungsmannigfaltigkeit« aufweisen[5]. Der Mensch hat die Möglichkeit, seine Potenzen und seine Dispositionen so zu Verhaltensorganisationen und zu Leistungsformen auszubauen, daß er nicht nur der Umwelt angepaßt und in sie eingepaßt ist, sondern, daß er darin auch Umbildungen, Erfindungen und Neugestaltungen vornehmen kann. Der Mensch als Gehirnwesen besitzt die Voraussetzungen für das Lernen, denn eine »plastische Entfaltung« ist nur dort gegeben, wo »ein Überschuß von freien Handlungen zu abtastenden Versuchen möglich ist«[6].

Die Wolfskinder von Midnapore[7] paßten sich in die tierische Umwelt ein und bildeten ihren Verhaltensablauf nach der tierischen Umgebung aus, in die sie gestellt waren. Das Kind in einer kultivierten Umgebung gestaltet seine Verhaltensorganisationen nach dem Milieu aus, in dem es zu Hause ist. Heben wir in diesem Zusammenhang gleich hervor, daß auch das gesamte Sozialverhalten des Menschen formbar ist. Er ist nicht gemäß seiner Veranlagung ein »zoon politikon«, aber er besitzt die

Offenheit, die es ermöglicht, ihn zu einem solchen werden zu lassen. Die sozialen Beziehungen formen sich nach dem Milieu aus und bereits im frühen Kindesalter erfolgt im Mutter-Kind-Bezuge eine Grundlegung, welche von eminenter Bedeutung für das Sozialverhalten wird. Auch Tiere leben in Gemeinschaften, aber ihr Verhalten in den Gruppen ist weitgehend auf Instinkten fundiert. Die Differenzierung des menschlichen Sozialgefühls, die Ausformung menschlichen Sozialbewußtseins und die Steuerung menschlichen Aktivwerdens im Sozialbereich werden durch die Umwelt ausgeformt.

4. Die Frage nach der Sonderstellung des Menschen

Es hat nicht an Versuchen gefehlt, die Sonderstellung des Menschen in der Reihe der Lebewesen zu beschreiben und die Einmaligkeit des menschlichen Seins zu postulieren. Der Hiatus vom Tier zum Menschen wurde betont herausgestellt, um dem homo sapiens eine einmalige Position zusprechen zu können. Wie schon erwähnt, sind die Besonderheiten seines Verhaltens, seiner Kultur und seiner Soziabilität letzten Endes in seiner Offenheit und in seiner Formbarkeit begründet. Eine Derivation der Besonderheit des menschlichen Verhaltens muß als Anmaßung erscheinen, wenn nicht auf die Plastizität abgehoben und dokumentiert wird, daß es letzten Endes die vielfältigen Lernmöglichkeiten sind, welche es ermöglichen, daß er zu der Stellung gelangt, welche er in der Reihe der Organismen einnimmt. Selbst bei der Annahme einer Vorbestimmtheit und eines Auserlesenseins reichen die aus allen geistigen Rüstkammern herbeigeholten Argumente nicht aus, um eine Sonderstellung des Menschen zu beweisen, wenn nicht die Offenheit und Prägbarkeit des menschlichen Lebens mit einbezogen und zu verstehen gegeben wird, daß erst die sozio-kulturelle Ausformung den Menschen zu einem geistig-seelischen und damit freien Dasein führt.

Der aufrechte Gang wird in der Literatur häufig als eines der entscheidenden Merkmale der Unterscheidung von Mensch und Tier aufgeführt. Dabei wird die Überzeugung ausgesprochen, daß der Mensch sich mit stolzem Recht, das einzige Geschöpf nennen dürfe, welches der Welt aufrecht gegenüber trete. In der Fortführung eines solchen Gedankenganges wird dann darauf abgehoben, daß damit auch die Weltansicht des Menschen von der des Vierfüßlers verschieden (entzerrt) sei und daß infolgedessen auch das Weltbild des Menschen (im Vergleich mit dem des Tieres) von Grund auf anders sein müsse. Der aufrechte Gang, welcher als ein spezifisches Merkmal menschlicher Würde und Überlegenheit beschrieben wird, stellt zweifellos eine besondere Möglichkeit von Haltung und Bewegung dar. Aber sie muß erlernt werden. Von selbst würde diese Fähigkeit nicht ausreifen. In dem Bericht über indische Wolfskinder[8] wird geschildert, wie diese als Menschen geborene Lebewesen zu Vierbeinern wurden mit einem bewundernswerten Geschick und einer ebensolchen Sicherheit in dieser an die Fortbewegung der Raubtiere angepaßten Gangart. Zur menschlichen Existenz gehört das aufrechte Gehen nicht unabdingbar. Die auch im motorischen Bereich vorhandene Formbarkeit gibt die Grundlage für die Ausformung der Bewegung ab. In der Nachahmung und durch die Einwirkung des Milieus wird diese den Menschen auszeichnende Körperhaltung und die damit verbundene Weise der Fortbewegung erworben.

Das Gehen auf zwei Extremitäten gibt die Hände des Menschen frei und dadurch kann sich *der Werkzeuggebrauch* zu besonderer Höhe entfalten. Wir fragen uns wieder, ob Werkzeuggebrauch und Werkzeugherstellung an sich schon eine Eigenschaft sind, welche nur dem Menschen eigen sind und ihn krönen. Wenn in Tierversuchen nachgewiesen wurde, daß Affen Stöcke, Kisten und Schnüre zum Gewinnen von Bananen benutzen und daß von den Anthropoiden die Schimpansen besonders dressierbar sind und dazu geführt werden können, Rad zu fahren, aus Tassen zu trinken und an Tischen mit Löffeln zu essen, daß sie Bananen oder Trauben durch Einwurf von Marken aus Automaten holen, so erfolgt leicht der Einwand, daß ein solcher Werkzeuggebrauch nur andressiert sei und im Grunde eine Überformung tierischen Seins darstelle. Ein bedeutsamer Forschungsbericht gibt jedoch andere Auskunft. Eine englische Studentin beobachtete mehr als 4 Jahre lang wilde Schimpansen in Zentralafrika[9]. Sie konnte durch Filmaufnahmen und Photographien belegen, daß diese Tiere den Werkzeuggebrauch auch ohne Dressur kennen. Sie stecken z. B. Grashalme oder kleine Zweige in Termitenhügel und holen die Insekten, welche sich daran festbeißen, heraus und kommen so zu diesen Leckerbissen. Nur mit Hilfe dieser Werkzeuge kommen sie an diese Tiere heran, welche aus den Gängen ihrer Kolonien herausgeangelt werden müssen. Auch bei anderen Tierarten konnte in neuerer Zeit der Werkzeuggebrauch beobachtet werden. Der Seeotter (Enhydra lutris) an den Küsten Kaliforniens und der Aleuten verwendet einen Stein als Amboß, wenn er harte Muscheln nicht aufbeißen kann. Dazu legt er sich nach dem Auftauchen auf den Rücken, bringt den Stein auf die Brust, hält die Muscheln zwischen den Vorderpfoten fest und schlägt sie so lange gegen den Stein, bis die Schale zerschellt. Der oft mehr als ein Pfund wiegende Stein wird nach dem geglückten Gebrauch nicht weggeworfen, sondern während des nächsten Tauchens unter die Achselhöhle geklemmt und bei der folgenden Muschel erneut verwendet. Die Spechtfinken auf den Galapagos-Inseln brechen sich mit dem Schnabel einen Kaktus-Stachel oder einen Baumzweig ab, um damit Insekten aus den tiefen Bohrlöchern herauszustochern. Der Vogel kann sich sein Werkzeug zurechtrichten, indem er auf einen zu langen Zweig tritt und mit dem Schnabel ein Stück wegknabbert, bis das Werkzeug brauchbar ist. Das Verhalten des Tieres ist bei diesem Werkzeuggebrauch nicht einförmig, sondern paßt sich in verschiedenen Variationen der jeweiligen Situation an[10].

Die Mannigfaltigkeit menschlichen Werkzeuggebrauchs und der Werkzeugkonstruktionen und Herstellung ist viel breiter, umfassender, ausgreifender. Auf dem Wege des Lernens allein kommt der Mensch zur Konstruktion von Werkzeugen und Maschinen und ebenso bedarf es der Erlernung der werkgerechten Verwendung dieser Hilfsmittel. Nicht eine angeborene Herausgehobenheit als Krone der Schöpfung macht den Menschen zum homo faber. Er wird es auf der Grundlage seiner Offenheit und Aufgeschlossenheit allein durch das Lernen. Den Hiatus zum Tier im Werkzeuggebrauch kann der Mensch selbst setzen auf der Linie des Ausbaues seiner Dispositionen. Nach den Ergebnissen der Beobachtungen der vergleichenden Verhaltensforschung stellt der Werkzeuggebrauch nicht eine Befähigung dar, welche einzig und allein der Mensch sein eigen nennen kann.

Können wir mit dem Hinweis auf *die Sprache* dokumentieren, daß keines der Tiere etwas ähnliches besitzt? Zur Klärung dieser Frage ist es zweckmäßig, nicht von theoretischen Erörterungen über die Bedeutung und das Wesen der Sprache auszugehen, sondern nach ihren Leistungen zu fragen. Kainz unterscheidet die dialogischen und die monologischen Sprachfunktionen[11]. Legen wir die von Bühler[12] ausgearbeiteten Leistungskennzeichnungen der Sprache zugrunde: die Darstellung, den Ausdruck und den Appell, so lassen sich diese aus heutiger Sicht unter dem Terminus »Information« zusammenfassen, denn diese drei Funktionen sind dialogisch. Sie richten sich in offener oder verdeckter Weise an ein Du und vermitteln diesem direkt oder indirekt eine Information.

Tiere haben Rufe, welche der Kundgabe dienen (Revier- und Balzverhalten). Ihre Warnrufe sind deutliche Appelle. In langwierigen Forschungen konnte die Vermittlung von Informationen bei den Bienen unter Zuhilfenahme von Tänzen einsichtig werden[13, 14]. Diese Insekten benützen zur Kommunikation kein System von Lauten, sondern ein bewundernswertes System von Tanzbewegungen. In den Rund- und Schwänzeltänzen haben die Bienen ein Verständigungsmittel, welches den von Flug zurückkehrenden Tieren ermöglicht, den im Stock sich aufhaltenden Artgenossinnen mitzuteilen: 1. die Lage der Futterquelle im Vergleich zum Sonnenstand oder zur Schwerkraft, 2. die Entfernung vom Bienenstock bis zum Fundort, 3. die Ergiebigkeit der aufgespürten Futterquelle, 4. die Art und die Qualität des aufgespürten Futters (durch den Geruchssinn). Einer besonderen Erwähnung bedürfen die Untersuchungen Lindauers. Er konnte dokumentieren, daß die Sprache der Bienen nicht auf die Anzeige von Futterfundorten beschränkt ist, sondern daß auch die Mitteilungen über günstige Wohnmöglichkeiten mit Hilfe dieses Systems erfolgen. Die Kommunikationsgegebenheiten sind demnach nicht einseitig auf nur eine Möglichkeit fixiert.

Auch bei den Warnlauten der Vögel finden sich variante Formen der Lautäußerung z. B. unterschiedliche Warnrufe bei Feinden, welche sich auf der Erde bewegen und bei solchen, die aus der Luft gefährlich werden. Noch einen Schritt weiter geht Hassenstein[15], wenn er den Beweis erbringt, daß Nachtigallen im entspannten Feld vom Balz- und Revierruf abweichen und dabei zu einer reichen Vielfalt musikalischer Erfindungen kommen, so daß der Autor von Aspekten der »Freiheit« im Verhalten von Tieren spricht. Sebeok führt den Nachweis, daß Rhesusaffen zu metasprachlichen Mitteilungen fähig sind. Sie können Hinweise für das Gemeintsein ihrer Äußerungen an Mit-Tiere geben und dabei kundtun, ob ihre Signale für das Ernst- oder das Spielverhalten verstanden werden wollen[16]. Wir finden demnach Ansätze dialogischer Sprachfunktion bereits in der Tierwelt vor. Die menschliche Sprache greift jedoch ganz erheblich über die Tiersprache hinaus. Carroll[17] definiert sie als »ein strukturiertes System willkürlicher menschlicher Laute und Lautsequenzen, das in einer Gruppe von Menschen zur interindividuellen Kommunikation verwendet werden kann und ziemlich erschöpfend die Dinge, Ereignisse und Vorgänge in der menschlichen Umgebung katalogisiert.«

Der aufgeschlüsselte dialogische Vorgang im menschlichen sozialen Felde zwischen dem Output des Sprechenden und dem Input des Hörenden ist kompliziert und kann in folgender schematischer Darstellung verdeutlicht werden:

Intentionales Verhalten des Sprechers	– Encodierverhalten	– Mitteilung	– Decodierverhalten des Hörers	– Interpretierendes Verhalten des Hörers[18]

Bei einer nachvollziehenden Durchsicht dieser Reihe tritt ins Licht, wie gerade an den Umsetzstellen des Encodierens und Decodierens, je nach Gesprächsinhalt und Sprachgebrauch differenzierte Vorgänge ablaufen, die keineswegs immer von einer simplen Einfachheit sind und die weit mehr implizieren als in einem »Ruf-Antwort-System« abrollt. Der Ausgriff der menschlichen Sprache zu vielfältigen Gestaltungen, zu reichen inhaltsschweren Gebilden bis zur Virtuosität in höchster dialogischer Form und in der Gruppen-Diskussion ist an sich noch kein Beleg für eine von der Natur vorgesehene Sonderstellung des Menschen. Es geht auch hier darum, althergebrachten Weihrauch abziehen zu lassen. Wenn von der Sprache »die Schlagkraft ihrer Prägungen, die Wucht ihrer Gefüge, die Anmut ihrer Formen«[19] gerühmt werden, so werden diese nicht bei der Geburt mitgebracht und wachsen nicht in einem naturgegebenen Reifungsvorgang.

Der Mensch trägt die Disposition zum Erlernen der Sprache in sich. Das Milieu führt zum Gebrauch der ersten Wörter und die Sprache jedes einzelnen Menschen erhält ihre Ausgestaltung durch die Umgebung. Sie entscheidet über das sprachliche Niveau und über die Art des linguistischen Kodes. Erneut wird am Beispiel der Sprache evident, daß der Mensch nicht von Natur aus in einer Sonderstellung geboren wird. Mitgegeben ist ihm die Möglichkeit zum Erwerb seiner Position im Bereich des Lebens, und es liegt an ihm, daß er den Abstand zwischen seinem Verhalten und dem des Tieres setzt, indem er die ihm mitgegebenen Dispositionen der dialogischen Sprachfunktionen ausbaut. In der monologisch-intrasubjektiven Funktion ist Sprache anfänglich unreflektierte Äußerung. Gehlen spricht davon, daß lebhafte Kinder die auffallenden Eindrücke »anplappern«. Hinter diesem Vorgang steckt nicht die Intention einer Mitteilung, aber der Versuch einer Gesprächsaufnahme. Es ist eine Weise der Weltbewältigung, des Fertigwerdens mit dem vielen Neuen, welches auf das Kind einstürmt. Es gibt Interjektionen, welche zur eigenen psychischen Entlastung dienen. Sprache kann reiner Ausdruck des Innern sein.

In ihrer monologischen Form kann sie zur Erfassung und Ordnung der Umwelt dienen. Mit Hilfe von Begriffen kommt das Subjekt zu festen Vorstellungsbildern. Sprache wird zum Medium des Denkens[20]. Mit ihrer Hilfe wird Distanzierung möglich und auf dem Wege des Suchens und Verwerfens bis zur prägnanten Fassung von Formulierungen können sich Erkenntnisse auftun. Auch eine solche beachtenswerte Tiefendimension der Sprache muß erworben werden. Würde sich die menschliche Sprache mit dem Repertoire unwillkürlicher, gelegentlicher Ausdrucksformen begnügen, so verbliebe ihr nur ein armer engbegrenzter Bereich. Sie kann jedoch als Ausdruck des Innern, in der Begriffsfindung, der Urteils- und Schlußbildung vor allem auch im kreativen Gestalten zu beachtenswerten Höhendimensionen geführt werden, wiederum nicht gemäß einer prädestinierten Sonderstellung, sondern infolge einer großartigen Lernfähigkeit, welche den Menschen kennzeichnet und die brach liegen bleiben oder gefordert und gefördert werden kann.

Intelligenz und Denken

Obwohl sich die psychologische Forschung schon frühzeitig mit dem Problemkreis »Intelligenz« befaßte und obwohl dem Menschen von heute

Angaben des Intelligenzniveaus von Kindern, Jugendlichen und Erwachsenen fast täglich begegnen, so gibt es doch im Wissenschaftsbereich bis heute keine absolute gültige und unangreifbare Definition dessen, was Intelligenz ist. Die Begründung liegt in der Tatsache, daß auch die Psychologie die Intelligenz nicht in ihrer Ursprünglichkeit zu fassen vermag. Wir erkennen sie nur über die in ihrem Bereiche vollzogenen Akte. In diese gehen jedoch eine Reihe von Faktoren ein, welche primär nicht zur Intelligenz als solcher gehören, welche jedoch beim Registrieren intelligenten Verhaltens mit im Spiel sein können. Es sind bedeutsame Variable, wie etwa die Einstellung und die Motivation, die auf die Intelligenzleistung einwirken, aber auch solche wie die Konzentration und die Merkfähigkeit, sowie gewisse dynamische Artungen, wie das Tempo der Beziehungsherstellung oder die Flüssigkeit der Assoziationen und Ideen werden mit angesprochen. Hinter den erkennbaren Intelligenzleistungen stecken strukturierte Vollzüge mit einem Spektrum unterschiedlicher Komponenten und diverser Potenzen, welche ineinander greifen und sich überlappen, so daß eine präzise Detailanalyse nicht immer möglich ist. Weiterhin stellt das registrierbare Bild der Intelligenz etwas Gewordenes dar. Das Intelligenzniveau ist nicht genetisch fixiert, sondern erreicht seine Höhe in der aktiven Auseinandersetzung mit der Umwelt. Was sich als Intelligenzkapazität ausweist, ist nicht nur auf Anlage rückführbar, sondern ist in der Auseinandersetzung mit der Umwelt vom Beginn der Ausformung der Reflexe an geprägt[21]. Dieser kurze Blick in die Fakten legt klar, daß mit der Wahl unterschiedlicher Ansatzpunkte und mit fortschreitender Forschung auch verschiedene Begriffe der Intelligenz zur Verwendung kamen. W. Fischel meint: »Intelligenz ist die Fähigkeit unter Erfahrungseinsatz etwas zu leisten!«[22] Davon sich unterscheidend legt Stern den Akzent auf das noch nicht Dagewesene und definiert: »Intelligenz ist die Fähigkeit eines Individuums, sein Denken bewußt auf neue Forderungen einzustellen, sie ist allgemeine geistige Anpassungsfähigkeit an neue Aufgaben und Bedingungen des Lebens«[23]. Aus der Fülle der Definitionen sei noch eine dritte, nämlich die von D. Wechsler herausgegriffen: »Intelligenz ist die zusammengesetzte oder globale Fähigkeit des Individuums, zweckvoll zu handeln, vernünftig zu denken und sich mit seiner Umgebung wirkungsvoll auseinanderzusetzen«[24].

Gehlen verwirft die Theorie Schelers, wonach der Mensch in sich die in der Natur aufeinander gebauten Lebensbereiche vereinige und dazu noch mit seinem Geist gekrönt, eine höchste Stufe erklommen habe. Die Intelligenz-Untersuchungen bei Umweg-Versuchen im Einschalten eines materiellen Zwischengliedes bei der Werkzeugherstellung und Werkzeugverbesserung sind zur Genüge publiziert worden. Sie werden so interpretiert, daß sie den Beweis erbringen, daß die Schimpansen »einsichtiges Verhalten von der Art des beim Menschen bekannten«[25] aufweisen können. Für O. Koehler resultiert die Vergleichbarkeit tierischer und menschlicher Verhaltensweisen aus der einheitlichen Abstammung allen Lebens. Die Sinne, das Nervensystem, die Orientierung, die Triebe und die angeborenen Auslösemechanismen sowie die Intelligenz weisen Gemeinsamkeiten beim Tier und beim Menschen auf. Von besonderem Interesse ist die Frage nach dem Denken bei Tieren, denn oft ist man zwar geneigt, dem Tier noch intelligentes Verhalten in praktischen Situationen zuzusprechen, das Denken jedoch wird allermeist unzweifelhaft als ein Privileg des Menschen betrachtet. O. Koehler beschreibt über die bisher bekannten Intelligenzleistungen der Tiere hinaus gewisse Fähigkeiten, welche er als unbenanntes Denken interpretiert. Er belegt seine Behauptung mit Hilfe der beiden Grundvermögen: »simultanes Erfassen« und »sukzessives Abhandeln«. Tauben, Dohlen, Raben und Papageien dienten im wesentlichen als Versuchstiere. Quer zur Laufrichtung einer Taube wurde ein Pappstreifen gelegt, auf dessen einer Seite sich 2 Futterkörner befanden. Die Taube wurde dahin dressiert, sich nur den 2 Körnern zuzuwenden. In derartigen Pickversuchen gelang es, Tauben auf Körnergruppen mit der höchsten Zahl 5 zu dressieren. Es war ihnen jedoch nur möglich, gleichzeitig zwei Körnerhaufen zu überblicken und daraus den richtigen zu wählen. Dohlen ließen sich so weit bringen, daß sie aus drei gleichzeitig dargebotenen Futterhaufen richtig aussuchten, während Raben und Graupapageien aus einer Auswahl von fünf Körnergruppen die vordressierte Auswahl erkannten. Tiere können simultan (mit einem Blick) unterschiedliche Mengen erfassen. In einem weiteren Grundversuch wurden mehrere Futter-Schälchen mit Deckeln in 3 nebeneinanderlaufenden Reihen aufgestellt. Auf die Schälchen jeder Reihe waren in unterschiedlichen Gruppierungen je 7 Körner verteilt. In vorhergehenden Versuchen hatten die Tiere die Erfahrung gemacht, daß in einer Reihe insgesamt höchstens 7 Körner eingelegt, also auch nur 7 zu finden waren. Bei dem Drei-Reihen-Versuch hoben die dressierten Tiere in jeder Reihe nur so lange Deckel ab, bis die Zahl sieben voll war. War dies in einer Reihe erreicht, so sahen sie von weiterem Suchen ab, gleichgültig, in welcher Weise die Gruppierung erfolgt war. Tiere haben demnach ein Vermögen, Zahlen sukzessiv abzuhandeln. Eine Dohle nahm von einem Kreis von Mehlwürmern zwei heraus, wenn in der Kreismitte zwei Punkte angebracht waren und wählte 4 Mehlwürmer aus, wenn vier Punkte in der Kreismitte zu sehen waren. Noch weiter ging die Leistung einer Elster. Sie reagierte sinngemäß auf abgehandelte Zahlen. Wenn sie in einer langen Futternapfreihe 3 Köder fand, so öffnete sie hernach aus einer Napfreihe mit 1, 3, 5, 7 Punkten auf den Deckeln nur den Drei-Punkte-Napf, hatte sie aber 7 Köder gefunden, so öffnete sie im Nachgang den Napf, auf dessen Deckel 7 Punkte zu erkennen waren. Ein Schimpanse, der auf die Unterscheidung von Ein- und Zweiklängen dressiert war, öffnete nach dem Anschlagen eines Zweiklangs folgerichtig einen Futternapf, auf dessen Deckel eine Zweipunkte-Markierung ersichtlich war, beim Einklang öffnete er den Einpunkt-Deckel.

Die Ergebnisse von Labyrinth-Versuchen mit blinden Mäusen, in welchen die Tiere sich in spiegelbildlich ausgebauten, linear verdoppelten und winkelverzerrten Formen zurechtfanden, werden dahingehend interpretiert, daß diese Tiere eine anschauliche Vorstellung und ein anschauliches Beurteilen von Situationen ihr eigen nennen. Koehler formuliert: »Solches Operieren mit Vorstellungen, Begriffen und Urteilen, die auf Anschauung beruhen, aber keine Namen tragen, weil eine Wortsprache fehlt, nennen wir ein unbenanntes Denken«[26].

Bei einer Anerkennung dieser Versuchsergebnisse kann gesagt werden, daß das Vermögen, intelligente Leistungen zu vollbringen, und das Vermögen, einfache, unbenannte Denkabläufe zu vollziehen, kein generelles Unterscheidungsmerkmal zwischen Mensch und Tier darstellt. Wir lassen auch hier ruhig althergebrachten Glanz abbröckeln und sehen den Menschen nicht mehr in einer ihm eigenen Herausgehobenheit, die ihn auf ein durch Vorbestimmtheit erhöhtes Podest zu stellen versucht. Was wir tun, ist, daß wir das Augenmerk auf die Offenheit dieses Gehirnwesens lenken und die eminente Ansprechbarkeit und Förderbarkeit in und durch die Umwelt betonen. Wir können hier auf die treffende Formulierung von Roth verweisen, der feststellt, daß das, was den Mangel des Menschen ausmacht, gleichzeitig seinen Reichtum darstellt: »Die Kehrseite seiner Lern- und Erziehungsbedürftigkeit ist seine unendliche Lern- und Erziehungsfähigkeit«[27].

Es gibt keine prädestinierte Erhabenheit, welche dem Menschen als Vorgabe für seine Position in die Wiege gelegt ist und die ihn in der Reihe der Lebewesen im Vorhinein in einem illuminierten Lichtkegel erscheinen läßt. Ihm ist jedoch in seinem Lernvermögen ein Schlüssel gegeben, der ihm Möglichkeiten von beachtenswerter Bedeutsamkeit öffnet. Hier sind die Gegebenheiten zu suchen, aus denen heraus sich der Mensch seine besondere Stellung im Kosmos als homo sapiens erwerben kann.

Literatur zu Kapitel I

1 Portmann, A: Zoologie und das neue Bild vom Menschen, Hamburg 1956.
2 Gehlen, A.: Der Mensch, seine Natur und seine Stellung in der Welt, Bonn 1958, S. 33.
3 Gehlen, A.: a.a.O., S. 33 ff.
4 Portmann, A.: a.a.O., S. 79.
5 Roth, H.: Pädagogische Anthropologie, Hannover 1966, S. 114.
6 Roth, H.: a.a.O., S. 116 ff.
7 Shing, J. A. L.: Die Wolfskinder von Midnapore, Heidelberg 1964.
8 Shing, J. A. L.: a.a.O., S. 48.
9 Goodall, J.: My life among wild chimpanzees, in: National Geographic Magazine, 1963.
10 Gwinner, E.: Nach einem Bericht aus dem Max Planck Institut für Verhaltensphysiologie; Seewiesen und Erling-Andechs.
11 Kainz, Fr.: Psychologie der Sprache, Stuttgart 1954, Bd. I.
12 Bühler, K.: Sprachtheorie, Jena 1934.
13 v. Frisch, K.: Über die Sprache der Bienen, Jena 1923.
14 v. Frisch, K.: Erinnerungen eines Biologen, Berlin 1962.
15 Hassenstein, B.: Aspekte der »Freiheit« im Verhalten von Tieren. Universitas 12/1969 S. 1325-1330.
16 Carroll, J. B.: The Study of language, Cambridge, Mass. 1953.
17 nach Hörmann, H.: Psychologie der Sprache, Berlin 1967, S. 28.
18 nach Hörmann, H.: a.a.O., S. 19.
19 Litt, Th.: Mensch und Welt, München 1948, S. 106.
20 Lersch, Ph.: Aufbau der Person, München 1954, S. 380.
21 Piaget, J.: Das Erwachen der Intelligenz, Stuttgart 1969.

22 Fischel W.: Leben und Erlebnis bei Tieren und Menschen, München 1949, S. 86.
23 Stern, W.: Die psychologischen Methoden der Intelligenzprüfung und deren Anwendung an Schulkindern, Leipzig 1912, S. 3.
24 Wechsler, D.: Die Messung der Intelligenz Erwachsener, Bern/Stuttgart, 1964, S. 13.
25 Köhler, W.: Intelligenzprüfung an Menschenaffen, Berlin 1963.
26 Koehler, O.: Vom unbenannten Denken, dtv, S. 118.
27 Roth, H.: Pädagogische Anthropologie, Bd. I., Hannover 1966, S. 149.

II. Die Auseinandersetzung um den Entwicklungsbegriff

Im vorhergehenden Kapitel wurde aufgezeigt, daß es zur treffendsten und nicht wegzudiskutierenden Kennzeichnung des Menschen gehört, daß er ein Lernwesen ist. Menschliche Prägung beginnt in der frühen Kindheit und endet, richtig besehen, mit seinem Tode. Von fundamentaler Bedeutung im menschlichen Lernen sind dabei die Jahre seiner Entwicklung, und wenn Cattel das Lernen als »eine multidimensionale Veränderung des Reagierens auf eine multidimensionale Situation[1]« charakterisiert, so muß hinzu gefügt werden, daß sich der Mensch diese multidimensionale Weise des Reagierens in seiner Entwicklung aneignet. Entwicklung und Lernen greifen ineinander. Die Kennzeichnung des Menschen als eines Lernwesens führt in direkter Fragestellung auf die Probleme seiner Entwicklung hin. Zunächst bedarf es demnach einer Bestimmung dessen, was menschliche Entwicklung ist und was sie auszeichnet.

Der Begriff der Entwicklung wurde ursprünglich als Übersetzung für »evolutio« und »explicatio« verwandt. Zunächst wurde darunter einfach das Auseinandernehmen einer Buchrolle verstanden. Im weiteren führte ein Bedeutungswandel dahin, daß vom anfänglich real gemeinten Auswickeln der Buchrolle eine Übertragung auf die gedankliche Entfaltung dessen erfolgte, was die Schriftrolle an Inhalt enthielt. Entwicklung bedeutete damit Auslegung (Explikation)[2]. Aus dieser weiten Fassung erfolgte in einzelnen Wissenschaftsbereichen eine spezifische Singgebung für den Entwicklungsbegriff.

1. Der Entwicklungsbegriff in der Geschichte

Bei der Ablösung der statischen Konzeption des Geschichtsdenkens durch ein dynamisches Geschichtsverstehen wird das Augenmerk auf die Änderungen, auf die Bewegung im Gang des Zeitgeschehens gelenkt und damit wird von einer geschichtlichen Entwicklung gesprochen. Ausgehend von einem Gewesenen hat Entwicklung eingesetzt, Veränderungen hervorgerufen und neue Situationen hervorgebracht. Zugleich wurde auch das in der Zukunft Geplante wertgerichtet betrachtet, so daß der

Begriff der Entwicklung in der Geschichte eine Ausrichtung auf einen Sinn des Weltgeschehens impliziert. So glaubte im besonderen die romantische Geschichtsauffassung an ein Gesetz, welches sich in der Geschichte offenbart. In diesem Sinne spricht Friedrich Schlegel von den Bemühungen, »eine regulative Idee des Ganzen zu finden«. Er versucht, »die unendlich fortschreitende Entfaltung des menschlichen Geistes« als Gegenstand der Geschichtsbetrachtung festzulegen. Man glaubte damals an ein auffindbares Gesetz, das sich in der Geschichte zeigt, an ein Prinzip, das sich in den immer neuen historischen Konstellationen offenbart. Die Geschichtsschreiber der Romantik denken jedoch nicht an eine Rückführung jeglichen Handelns auf menschliche Motivationen, wenn sie nach dem Prinzip der Entwicklung in der Geschichte forschen. Vielmehr wird das ganze Geschehen so verstanden, daß es als eine Entwicklung, welche auf ein Ziel hinführt, gesehen werden muß. Beziehen wir Kants »Idee zu einer allgemeinen Geschichte in weltbürgerlicher Ansicht« in die Betrachtung mit ein, so tritt uns dort noch ein weiterer Gedankengang entgegen, nämlich der, daß die Geschichte einen regelmäßigen Gang der Freiheit des menschlichen Willens offenbare. Geschichte bringt damit die Realisierung eines verborgenen Plans. Vereinfachend und zusammenfassend schälen sich damit folgende Erkenntnisse heraus: Der Begriff der Entwicklung in der Geschichte trug die folgenden Kennzeichen an sich: 1. Veränderung und Dynamik, 2. Historische Entwicklung ist ausgerichtet auf ein Ziel, 3. In der historischen Entwicklung steckt die Verwirklichung eines verborgenen Planes.

2. Der Entwicklungsbegriff in der Soziologie

In der Soziologie wird der Entwicklungsbegriff verwendet, um anzuzeigen, daß eine vorhandene Situation verändert werden muß, um einen besseren sozialen Zustand herbeizuführen. Es erschiene ideal, wenn die Entwicklung zu einem bestmöglichen Zustand führen würde, der dann zu einem festen Status werden könnte, von dem abzugehen eine Verschlechterung bedeuten würde. Es wäre dann ein »Gleichgewichtszustand« im Sinne einer »balance of power« erreicht. Manche soziologischen Theorien betrachten das Anstreben solcher Gleichgewichtszustände in der Gesellschafts- und Wirtschaftspolitik als erstrebenswertes Ziel. Andere Wirtschaftstheoretiker kommen von einer dynamischen Grundkonzeption zur Skepsis gegenüber solchen Gleichgewichtszuständen, da in ihnen ja Stillstand herrschen würde und nur aus der Dynamik eines Ungleichgewichts heraus die fruchtbaren Auseinandersetzungen stattfinden, welche die Gesellschaftsordnung vorantreiben können.

So enthalten die Entwicklungslehren der Soziologie »alle mehr oder weniger eine Art Kompromiß zwischen dem Streben nach Entwicklung und nach Ruhelagen«[3]. Liefmann-Keil sieht in den verschiedenen sozialwissenschaftlichen Entwicklungslehren die »Beispiele für das Bemühen, einerseits den Entwicklungsprozeß und damit die Möglichkeit von Veränderungen, die Möglichkeit des Wachstums zu betonen, andererseits aber die Wahrscheinlichkeit nicht auszuschließen, daß bei entsprechendem Bemühen ein mehr oder minder paradiesischer Zustand erreicht werden könnte.« In den soziologischen Theorien ist Entwicklung gekoppelt mit dem zeitlichen Aspekt. Entwicklung bewirkt im soziologischen Bereich eine zielgerichtete Veränderung, wobei der Umwandlungsprozeß ebenso kennzeichnend wird, wie das Anstreben von Gleichgewichtslagen. Das sind Gesichtspunkte, welche zum Teil auch in den Entwicklungstheorien der Psychologie anklingen.

3. Der Entwicklungsbegriff in der Philosophie

In der Philosophie wird die Entwicklung gekennzeichnet als eine in der Zeit sich vollziehende Veränderungsreihe. Die zur Veranschaulichung dieses Vorgangs verwendeten Bilder werden häufig aus dem Räumlichen entnommen, und zwar sind es im wesentlichen drei Versionen, die gebraucht werden:

1. Die Entwicklung kann dargestellt werden als langsam aufsteigende Linie, als ein Fortschritt, der vom Unvollkommenen zum Vollkommenen führt.
2. Als Denkmodell dient der in sich geschlossene Kreis. Am obersten Punkte des Zirkels würde die Vollkommenheit stehen. Von diesem Ort ausgehend fällt in einem Entwicklungsprozeß die Menschheit immer wieder nach unten.

3. Im dritten Modell wird der aufwärtsstrebende Fortschritt mit dem Entwicklungskreis verbunden. Jeder Neuansatz wird bereichert durch gemachte Erkenntnisse und Erfahrungen. So kommt es zum Bilde der Spirale, welche Neubeginn und Aufwärtsentwicklung in sich verkörpert[4].

4. Der Entwicklungsbegriff im naturwissenschaftlichen Bereich

Im naturwissenschaftlichen Bereich findet sich der Entwicklungsgedanke in den Begriffen: Evolution, Präformation, Epigenese und Deszendenz.

Innerhalb der Naturwissenschaften wird der Entwicklungsbegriff maßgebend in der Biologie und zwar in phylogenetischer und ontogenetischer Ausdeutung gebraucht. Mit seiner Deszendenztheorie hat Darwin den Entwicklungsgedanken zu einem dominierenden Prinzip erhoben. Durch die Evolutions- oder Abstammungslehre wurde der Nachweis erbracht, daß sich alle Organismen durch allmähliche Umbildung im Verlauf großer Zeiträume aus einfachsten Formen aufgrund des Faktorengefüges von Mutatibilität und Selektion ausgebildet haben. Die Ontogenese der Individualentwicklung beschreibt die aufeinanderfolgenden Veränderungen, welche ein Einzelwesen von den Anfängen nach der Befruchtung bis zu seiner Reife durchläuft. Diese Ausformung wird im wesentlichen als endogen (d. h. durch Erbfaktoren, innere Faktoren z. B. Organisationszentren und Organisatoren, Hormone) bedingt betrachtet. Bestimmte Außengegebenheiten (Temperatur, Licht, Schwerkraft) können Voraussetzungen für die ontogenetische Entwicklung sein und können Modifikationen hervorrufen.

Im biogenetischen Grundgesetz (Fr. Müller/E. Haeckel) wurde aufzuzeigen versucht, daß die Entwicklungsgeschichte jedes einzelnen Individuums (Ontogenese) parallel zur Stammesgeschichte verläuft. Durch die Übertragung dieser Auffassung auf die psychische Entwicklung (H. Schmidt und F. A. van Scheltema) wurde das psychogenetische Grundgesetz postuliert, mit dem Vorstellungskern, daß das Individuum in einer geistigen Wiederholung die Entwicklung der menschlichen Geistesgeschichte in Parallelität nochmals rekapituliert und die einzelnen Kulturstufen der Menschheitsentwicklung verkürzt durchläuft.

Sowohl die biogenetische als auch die psychogenetischen Grundgesetze spielen in den heutigen Wissenschaftstheorien nur noch eine unbedeutende Rolle.

5. Sichtweisen der Pädagogik

Als Anfang der wissenschaftlichen Entwicklungspsychologie wird häufig das Jahr 1882 mit dem Erscheinen von Preyers Buch: »Die Seele des Kindes[5]« gesetzt. Entwicklungspsychologische Einmengsel lassen sich zuvor in den pädagogischen Werken feststellen. So finden sich z. B. in der großen Unterrichtslehre von Joh. Amos Comenius (1592–1670) Gedankengänge, welche zum Teil recht modern anmuten, wenn er etwa schreibt, daß die menschliche Natur im Vergleich zum Tier ein langsames Wachstum habe, »damit der Mensch größere Fristen habe, sich für die Verrichtung des Lebens vorzubereiten.« Er teilt die Jahre des aufsteigenden Lebensalters in vier gesonderte Stufen ab (frühe Kindheit, Knabenalter, angehende Jugendzeit und reife Jugendzeit). Jeder dieser Stufen weist er eine gesonderte Schule zu. Und zwar soll die Schule für die 1. Stufe die Mutterschule sein, die der 2. Stufe die Muttersprachschule oder die Volksschule, die der 3. Stufe die Lateinschule (oder das Gymnasium) und die 4. Stufe die Akademie und die Wanderschaft[6].

Interessant ist, daß Comenius wesentliche Grundlegungen für das Lernen schon in die ersten sechs Lebensjahre legt. Er spricht von einer Einleitung in die Geographie, in welcher die Kinder verstehen lernen, was ein Berg, ein Tal, ein Acker, ein Fluß, ein Dorf, ein Flecken, eine Stadt ist. Erwähnt sei noch das Beispiel der Mathematik, wo wir bei Comenius bereits einige Grundgedanken der heutigen Einführung in die Mengenlehre finden, wenn er meint, daß die »Arithmetik« bereits in der Vorschule ihre ersten Wurzeln schlägt. Das Kind kann erkennen, was man viel oder wenig nennt. Es bemerkt, daß drei mehr ist als zwei usw. Die Bildbarkeit des Kindes vor der eigentlichen Schule wird bei Comenius keinesfalls negiert, sondern im Rahmen der gesamten Entwicklung des Menschen in ihrer Bedeutung gesehen.

Die »natürliche Entwicklung«

An diesem Punkte wird bei den nachfolgenden Pädagogen eine einschneidende Wende vollzogen, welche bis heute ihre Auswirkungen in Theorie und Praxis hat. Martin Rang beschreibt Jean Jacques Rousseau (1712–1778) als den großen Entdecker der Kindheit, ihrer Eigenart und ihres Eigenrechtes[7]. Wenn es in der Zeit der Aufklärung noch keine Entwicklungspsychologie gab, so wird doch in den pädagogischen Schriften Rousseaus eine vorher nicht bekannte Zuwendung zum Kinde und eine gewandelte Bedeutung des Kindseins ersichtlich. Die These vom Eigenwert des Kindseins rückt von diesem Zeitpunkt an in eine wichtige Position und die Einbeziehung des Entwicklungsgedankens in die Grundlegungen der Erziehungstheorien wird erkennbar.

Rousseau erhebt Protest gegen den vorherrschenden Glauben an die aufsteigende Entwicklungslinie der menschlichen Kultur, die in der Zeit der Aufklärung generell vertreten wird, und die ein festes Fundament in der Sicht der Kunst und Wissenschaft darstellt. Er stellt heraus, daß die Menschheit durch den Abfall von der Natur auf einen verhängnisvollen Weg gelangte und abwärts geführt wurde. Nur eine Revision des Staatsaufbaus und eine Reform der Erziehung können aus dem Dilemma herausführen. Die Devise: »Zurück zur Natur!« stellt einen Aufruf dar, der zur Besinnung führen und einen Neuansatz im Bereich der Kunst, der Wissenschaft und der gesellschaftlichen Ordnung einleiten soll. Unter Natur wird das Einfache, das Wahre, das nicht Gekünstelte und nicht Überzüchtete verstanden. Die Anfangssentenz des »Émile« bringt nicht allein eine beißende Kritik am Kulturverhalten seiner Zeit, sie stellt zugleich ein Programm zur Verwirklichung tiefgreifender und unumgänglicher Neu-Ansätze dar: »Alles ist gut, wenn es aus den Händen des Schöpfers hervorgeht, alles entartet unter den Händen des Menschen«[8]. Daraus resultiert, daß die Pädagogik zuerst den Blick auf das natürliche Wachstum des Kindes zu richten hat und vor allen Dingen besorgt sein muß, daß nichts in falsche Bahnen gelenkt und nichts verbogen wird. Rousseaus Grundlegung einer natürlichen Erziehung führt damit konsequent zur Frage nach der Entwicklung des Menschen und lenkt das Augenmerk auf das Problem der Kindgemäßheit im Erziehungsverhalten.

Die Anerkennung jeder Wachstumsstufe wird gefordert: »Jedes Alter, jeder Zustand des Lebens hat eine Vollkommenheit, die nur ihm entspricht, eine Art Reife, die nur ihm eigentümlich ist«[9]. Die natürliche Erziehung hat ihr Fundament in der natürlichen Entwicklung. Jede Reifungsstufe trägt ihren Wert in sich, der nicht negiert werden darf, und der zur Verwirklichung gelangen muß. Hieraus stammt die Tendenz zur Befürwortung des vollen Ausreifenlassens, welche in dem Appell gipfelt: »Haltet zurück, haltet auf, wertet jeden Aufschub als Vorteil«[10].

So tritt Rousseau in eine scharfe Auseinandersetzung mit jeglicher Forderung zur Forcierung und zur Verfrühung. Keine Stufe der seelischen Reifung wird nach seiner Ansicht ungestraft übersprungen, es geht sonst ein unersetzlicher Teil der Menschwerdung verloren. Eine solche Theorie bringt eine scharfe Grenzziehung für die Möglichkeiten frühzeitigen erzieherischen Einwirkens.

Es bleibt die Frage, woher Rousseau die Fakten nimmt für die Deskription dessen, was jede Altersstufe kennzeichnet, was also für die einzelnen Stadien kindgemäß ist. Er stellt selbst gewichtig heraus, daß seine Theorie auf der Erfahrung beruhe, und verweist auf die Empirie zur Gewinnung exakter psychologischer Grundlagen. Unter der empirischen Methode versteht Rousseau die Beobachtung des einzelnen Zöglings. Hier muß aus heutiger Sicht die Methodenkritik ansetzen. Es soll keinesfalls abgeleugnet werden, daß der große Entdecker der Eigenart des Kindes zutreffende psychologische Beobachtungen gemacht hat; im ganzen jedoch sind die von ihm festgehaltenen Beobachtungsfakten nicht vergleichbar mit den Ergebnissen, welche die Psychologie heute mit ihren empirischen Methoden ermittelt. Rousseaus Beobachtungen waren Einzelbeobachtungen, welche durch eine vorgefaßte Grundkonzeption bereits zugeschnitten, ja intendiert waren. Sie tragen weitgehend den Charakter des Zufälligen an sich, denn sie selegierten, indem sie nur das aufgriffen, was in den festgelegten Rahmen eingefügt werden konnte. Da die Beobachtungsergebnisse dazu dienen sollten, die schon bestehende pädagogische Theorie zu unterbauen, war das Beobachtungsverhalten nicht offen. Ein systematisches und gezieltes empirisches Vorgehen und damit eine wissenschaftlich fundierte Unterbauung der Theorie von der natürlichen Erziehung durch psychologische Tatsachen liegt nicht vor. So bleibt bei aller Betonung der Empirie Rousseaus Theorie letzten Endes doch spekulativ. Das kann am folgenden Zitat exemplifiziert werden: »Wir arbeiten im Einklang mit der Natur, und während sie den leiblichen Menschen bildet, suchen wir den geistigen Menschen zu bilden, aber wir schreiten nicht gleich schnell fort. Der Körper ist bereits kräftig und stark, während die Seele noch zart und schwächlich ist, und was auch menschliche Kunst zu tun vermag, das Temperament eilt stets der Vernunft voraus«[11]. Diese schwerwiegende Behauptung ist nirgends belegt.

Das Verdienst J. J. Rousseaus in seiner Zeit liegt unzweifelhaft darin, daß durch ihn der Blick frei wurde für die Besonderheit kindlichen Seins und für die Beobachtung kindlichen Verhaltens. Den Erziehern wurde damit klar, daß das Kind kein kleiner Erwachsener ist. Zum andern jedoch wurde das Denken und Forschen dadurch blockiert, daß die natürliche Entwicklung als Vorgang betrachtet wurde, der vor allem des Schutzes bedarf und der keinen Eingriff in Form einer zeitigen Förderung gestattet. Jede bewußte Forcierung und jeder vorausgreifende Ansatz würde einen unerlaubten Eingriff in das Gesetz des sich gemäß seiner Natur entwickelnden Menschen darstellen. Aus der Sicht Rousseaus bedeutet natürliche Entwicklung einen durch die Reifung bedingten Vorgang. Die Aufgabe der erziehenden Umgebung besteht darin, den naturgegebenen Reifungsablauf vor verfrühten Eingriffen zu schützen und ihm zu seiner Verwirklichung zu helfen.

Die »Organische Entwicklung« in der Deutschen Romantik

Ernst Moritz Arndt (1769–1860) verwendet das Bild der sich im Sonnenlicht entfaltenden Blume, um die Entwicklung des Menschen zu kennzeichnen. »Die Kindheit ist die Blume fast ganz unter der Knospenhülle; der Knabe sprengt einige Blättchen und hat ein dämmerndes Licht; der Jüngling streift die ganze Hülle ab, aber das Licht fällt nur auf seine Außenseiten, und lange hält er vor dem lockenden Sonnenstrahl sein Inneres in süßer Verborgenheit zusammen; wenn sich alle Blätter der Blume auftun, so steht der Mann da: aber wir wissen, daß mit der sinkenden Sonne alle Blumen sich wieder zuschließen, die Jugenddämmerung kommt im Alter wieder«[12].

Bei Friedrich Fröbel (1782–1852) findet sich das Bild der gesunden Knospe, aus der die einzelnen Lebensalterstufen hervorschießen. Ein Kernstück der Pädagogik der Romantik stellt die sogenannte »organische Entwicklung« dar. Am tiefgründigsten ist sie in Fröbels Werken dargelegt. In deutlicher Abhebung vom Menschenbilde des Christentums sieht Fröbel den Menschen nicht als eine sündige Natur, sondern betont dessen ursprüngliche Güte. »Das Hervorgegangensein, das Bedingtsein aus Gott« ist eines der wesentlichen Kennzeichen der Menschen und deshalb stellt es einen Verrat an der Menschheit dar, »wenn sogar auszusprechen gewagt wird, der Mensch sei an sich und seinem Wesen nach schlecht, bös«[13]. Auch in der den Menschen umgebenden Natur verkörpert sich das »Göttliche, Geistige, Ewige«, ... »auch in ihr ruht und herrscht ein ewiges Gesetz«[14]. Beide jedoch, der Mensch und seine Umwelt, können nur der Einheit gleichen, denn die Außenwelt existiert nur im Zusammenhang mit dem Innern, dem Geiste.

Wenn ein solches panentheistisches System einer Pädagogik[15] zugrunde gelegt wird, so muß daraus folgerichtig bei der Betrachtung des werdenden Menschen die akzentuierte Herausstellung eines organischen Entwicklungsganges mit der Betonung des Eigenwertes jeder Stufe resultieren. Das Säuglingsalter, das Kindesalter, das Knabenalter, das Mannesalter sind nicht Mittel zum Zwecke des Erreichens der jeweils nächst höheren Stufe; sie tragen vielmehr ihren Sinn in sich selbst. »Das Kind, der Knabe, der Jüngling, der Mann sollen kein anderes Streben haben, als auf jeder Stufe ganz das zu sein, was diese Stufe fordert«[16]. Nur dadurch wird es dem Menschen überhaupt ermöglicht, ganz Mensch zu sein. Nur das volle Ausreifen auf jeder Stufe kann zur Basis für das Weiterschreiten zur nächsten werden. Wenn durch Verfrühung das baldige Erreichen einer nächsten Stufe angestrebt wird, so wird das Gegenteil erreicht, denn die Ausbildung jeder nachfolgenden Stufe beruht auf der vollen Entwicklung »aller und jeder einzelnen vorhergehenden Lebensstufe«[17]. Organische Entwicklung bei Fröbel heißt natürliches, von innen gesteuertes Wachstum.

Die Theorie der durch das Reifen bedingten Entwicklungsstufen greift dort bis in die heutige Pädagogik herein, wo gefordert wird, daß die Erziehung stufengemäß und der Unterricht kindgemäß sein soll. Die Prinzipien der »stufentreuen Führung und Unterstützung« in der Erziehung und der »Kindgemäßheit« in der Unterrichtsgestaltung fußen meist auf den Gedankengängen einer organischen Entwicklung. Natürlich betont und bejaht auch eine moderne Entwicklungspsychologie die Einbeziehung der Sicht auf das Kind und den Schüler, aber sie deklariert die Entwicklung nicht als einen reinen Reifungs- und Wachstumsvorgang mit einer absoluten Festgelegtheit einzelner Stufen. Doch darüber wird in späteren Kapiteln die Rede sein.

6. Der Entwicklungsbegriff in der Psychologie[18]

Die Entwicklungspsychologie hat in den Anfängen ihrer wissenschaftlichen Forschung einen entscheidenden Anstoß aus den Naturwissenschaften erhalten. Einige Dezennien nach dem Erscheinen von Darwins Werk: On the origin of species by means of natural selection[19] begann ein Registrieren von Beobachtungen aus dem Leben von Kindern und Jugendlichen, welche in den Zusammenhang eines Entwicklungsganges eingeordnet wurden. Im Hintergrund stand dabei der Gedanke, möglichst exakt in Erfahrung zu bringen, in welcher Weise das, was beim Menschen im Keim angelegt war, zur Entfaltung gelangte. Naturwissenschaftliches Entwicklungsverstehen (im Sinne von Evolution) führte zur Unterteilung des Entwicklungsganges in Perioden, Stufen und Phasen. Auch verschiedene Modellvorstellungen vom psychischen Werden des Menschen fußten darauf, und so blieb dieser biologische Entwicklungsbegriff über ein Jahrhundert wirksam. Selbst die geisteswissenschaftliche Psychologie war ihm im Grunde verhaftet. Eduard Spranger greift zur Erklärung dessen, was eine verstehende Psychologie will, ausdrücklich zum Vergleich mit den Naturwissenschaften und legt dar: »Mit einer Analogie aus den Naturwissenschaften könnte man sagen: nicht eine Anatomie, sondern eine Physiologie, Entwicklungsphysiologie der jugendlichen Seele ist das Ziel.« Und bei der Erklärung des besonderen Ansatzes der verstehenden Psychologie legt er formulierend dar, daß die Richtungsbestimmung der Entwicklung »vorwiegend auf innere Anlagen oder Tendenzen des betreffenden Subjekts« zurückzuführen ist[20].

So bleibt über Jahrzehnte hinweg der Gedanke beherrschend, daß die

Entwicklung zu kennzeichnen sei als eine Auseinanderwicklung einer im Keim angelegten Substanz[21]. Deutlich tritt uns dies in der Konzeption von Erich Stern entgegen, der 1923 definiert: »Entwicklung ist die unter Einwirkung äußerer Faktoren erfolgende Entfaltung der Anlagen, wobei die Entfaltung nach einer inneren Gesetzmäßigkeit erfolgt und den äußeren Faktoren die Bedeutung der Auslösung zukommt«[22]. Derartige Begriffsbestimmungen mit einem klaren Abheben auf innere Baupläne und immanente Gesetzmäßigkeiten, welche den Entwicklungsgang bestimmen, finden sich bis heute in Lehrbüchern der Kinder- und Jugendpsychologie.

Daneben zeigen sich jedoch bereits vor 50 Jahren erste Hinweise in Begriffsbestimmungen darauf, daß den Umweltfaktoren nicht nur eine Auslösefunktion im Entwicklungsgang zuzuschreiben ist, sondern daß dieser durch das Milieu wesentlich mitgeformt wird. Deutlich finden wir dies bei William Stern, wenn er definiert: »Seelische Entwicklung ist nicht ein bloßes Hervortreten angeborener Eigenschaften, aber auch nicht ein bloßes Einfangen äußerer Einwirkungen, sondern das Ergebnis einer Konvergenz innerer Angelegenheit mit äußeren Entwicklungsbedingungen«[23].

Neuere Werke setzen in den Erörterungen um den Entwicklungsbegriff den Hauptakzent auf die Bedeutung der Umwelteinflüsse. Es sind vornehmlich umfassende sozialpsychologische Forschungen bei verschiedenen Naturvölkern, welche markante Differenzen in der Prägung der Verhaltensweisen aufhellen und deutlich machen, wie gravierend und unterschiedlich im Werden des Menschen bis ins hohe Alter die Prägung durch die Umwelt erfolgt.

Wenn früher die Vergleiche kindhaften und jugendlichen Verhaltens mit den Primitivkulturen häufig verwandt wurden, um das Gemeinsame in der Entwicklung der Menschen herauszustellen, so dienen heute diese Vergleiche vornehmlich zum Beweis der hohen Bewirksamkeit durch die Milieufaktoren, deren Konstellation den Entwicklungsgang des Individuums tiefgreifend verändert und moduliert. Der Umwelt darf nicht nur eine Auslöserfunktion zugeschrieben werden. Vielmehr wird aus neuer Sicht die Entwicklung so verstanden, daß dabei ein »Großteil der zu beobachtenden Veränderungen auf das Konto des Umwelteinflusses geht«[24].

In simplifizierender Weise könnte nun aus den angeführten Definitionen und Beispielen der Anschein erweckt werden, als ob mit dem Postulat der Zweipoligkeit eines sowohl nach einem immanenten Bauplan als auch durch die Milieueinwirkung gekennzeichneten Ablaufs das Wesen der Entwicklung grundlegend getroffen sei und es jeweils nur noch der Erforschung bedürfe, welches Gewicht dem einzelnen Pol zuzuschreiben sei, wobei im biologischen Bereich der inneren Gesetzmäßigkeit und im psychologischen Bereich der Milieukomponente die größere Wirksamkeit beigemessen sei.

Mit der Dichotomie von Anlage und Umwelt läßt sich das Feld der Faktoren, welche zur Entwicklung menschlichen Verhaltens beitragen, nicht ausreichend abstecken, auch wenn wir betonen, daß es vor allem die sozio-kulturellen Gegebenheiten sind, welche die Entwicklung maßgeblich bedingen. Es bedarf eines weiteren Ausgriffs und einer mehrdimensionalen Sichtweise, um von verhängnisvollen Einengungen wegzukommen und der Kompliziertheit des Entwicklungsganges gerecht zu werden. Die Forschungen um frühkindliche Hirnschädigungen und Traumata bei und nach der Geburt sind dazu angetan, von einer engen Fixierung zu lösen. *Hebb*[25] kommt bereits zu einer erheblichen Ausweitung, wenn er die zur Entwicklung beitragenden Faktoren zu erfassen versucht und dabei die folgenden Einflüsse nennt:

1. genetisch
2. chemisch-vorgeburtlich
3. chemisch-nachgeburtlich
4. sensorisch-konstant
5. sensorisch-variabel
6. traumatisch.

Diese Aufzählung will keinen Anspruch auf Vollzähligkeit stellen. Sie ist als Arbeitshypothese gedacht, deren Bereich mit fortschreitender Forschung erweitert werden kann und die immer daran erinnern soll, daß es keinesfalls nur die beiden Faktoren der Anlage und der Umwelt sind, welche die Entwicklung bedingen. Diese Liste kann aus einem zu engen Denken in der Frage der Entwicklungskomponenten herausführen. Hierin dürfte ein richtungweisender Ansatz für die weitere Forschung in der Abklärung der einzelnen Anteile und ihres Ineinandergreifens liegen.

In den Definitionen dessen, was unter Entwicklung zu verstehen ist, haben diese Komponenten keinen Ort, zumal ihre Anzahl und ihr bewirkender Anteil nicht abgeklärt sind. Ebensowenig sind in den begrifflichen

Fassungen Aussagen über eine Richtung und eine eventuelle Unterteilung des Entwicklungsganges angebracht, denn Richtung, Zielsetzung und Aufgliederung des Entwicklungsganges sind weitgehend durch die soziokulturellen Faktoren bestimmt und differieren infolgedessen. Auch Aussagen über einen nach immanenten Gesetzen oder nach einem Bauplan sich vollziehenden Verlauf des Entwicklungsprozesses können in die heutigen Definitionen nicht mehr aufgenommen werden, weil ihr Vorhandensein und ihre Wirksamkeit im psychischen Entwicklungsgang mit Recht anzuzweifeln sind (Kinder, die unter Wölfen aufwuchsen, zeigten weitgehend tierisches Gebaren).

Nach einer derartigen Reinigung des psychologischen Entwicklungsbegriffes von den biologischen Präformationsgedanken und unbewiesenen spekulativen Beimengseln bleibt die Tatsache, daß in der Entwicklung sich »eine Reihe von Verhaltungsänderungen« vollzieht, »welche dem zeitlichen Kontinuum eines individuellen Lebenslaufes zuzuordnen sind«[26, 27].

Ein derartig globaler Entwicklungsbegriff ist ohne hypothetische Größen, läßt aber Möglichkeiten der Einfügung genauerer Bestimmungen offen. Solche dürfen jedoch nur dann impliziert werden, wenn ihre Fakten mit Hilfe der exakten empirischen Methoden der Psychologie gewonnen wurden.

Literatur zu Kapitel II

1 Cattel, R. B.: The scientific analysis of personality, Middlesex, Baltimore 1965.
2 Handbuch der Psychologie, Bd. 3, Göttingen 1956. Thomae H.: Entwicklungsbegriff und Entwicklungstheorie, S. 3 ff.
3 Liefmann-Keil, E.: Erreichte Ziele – Neue Aufgaben. Die Verwirklichung von Zielen als dynamischer Prozeß. Universitas 1/69 S. 32.
4 Leisegang, H.: Denkformen, Berlin 1951.
5 Preyer, W.: Die Seele des Kindes, Leipzig 1882.
6 Richter, K.: Pädagogische Bibliothek, II. Bd. J. A. Commenius, Große Unterrichtslehre, Leipzig o. J.
7 Rang, M.: Rousseaus Lehre vom Menschen, Göttingen 1965.
8 Rousseau, J. J.: Émile, Oeuvres completes de J. J. Rousseau, Paris 1887–1908. S. 11.
9 Rousseau, J. J.: a.a.O., Émile II.
10 Rousseau, J. J.: a.a.O., Émile II S. 61.
11 Rousseau, J. J.: a.a.O., Émile IV S. 287.

[12] Arndt, E. M.: Fragmente über Menschenbildung, Langensalza 1904, S. 72 vergl. auch: Bollnow, O. Fr.: Geschichte der Pädagogik, Bd. IV, Stuttgart 1952 S. 32.
[13] Fröbel, Fr.: Menschenerziehung, Pädagogische Texte, hrsg. von W. Flitner, Berlin 1951, S. 72.
[14] Fröbel, Fr.: a.a.O., S. 7, S. 9.
[15] Bollnow, O. Fr.: a.a.O., S. 125.
[16] Fröbel, Fr.: a.a.O., S. 27.
[17] Fröbel, Fr.: a.a.O., S. 26.
[18] vergleiche: Bäumler, Fr.: Die Auseinandersetzung um den Entwicklungsbegriff, Zschr.: Schule und Psychologie 4/1969, S. 97–99.
[19] Höhn, E.: Geschichte der Entwicklungspsychologie in ihren wesentlichsten Ansätzen. Handbuch der Psychologie, Bd. 3, Göttingen 1959, S. 3 ff.
[20] Spranger, E.: Psychologie des Jugendalters, Heidelberg 1925.
[21] Thomae H.: Entwicklungsbegriff und Entwicklungstheorie Handbuch der Psychologie, Bd. 3, Göttingen 1959. S. 3 ff.
[22] Stern, E.: Jugendpsychologie, Breslau 1923.
[23] Stern, W.: Psychologie der frühen Kindheit, Heidelberg 1950[7].
[24] Oerter, R.: Moderne Entwicklungspsychologie, Donauwörth 1967, S. 31 f.
[25] Hebb, D. O.: Einführung in die moderne Psychologie, Weinheim 1967, S. 183.
[26] Thomae, H.: a.a.O., S. 10.
[27] Nickel, Horst: Entwicklungspsychologie des Kindes- u. Jugendalters Bern–Stuttgart–Wien 1972, S. 15 ff.

III. Die Determinanten der Entwicklung

Die neue Forschung hat die Psychologie aus statischen Konzeptionen herausgeführt. Sie dokumentiert die Prozeßhaftigkeit der menschlichen Verhaltensformen »Die grundlegende Daseinsweise des Psychischen ist seine Existenz als Prozeß oder Tätigkeit«[1]. Für die Entwicklungspsychologie bedeuten diese Erkenntnisse, daß sich in einem längerdauernden Ablauf »eine Folge von Verhaltensorganisationen«[2] ausbildet, die in dem jeweiligen Entwicklungsstatus von Funktionen, Erlebensweisen, Fertigkeiten und Eigenschaften sichtbar wird.

Ein in der modernen Entwicklungspsychologie aufgeworfenes Grundproblem von gravierender Bedeutung stellt die Frage nach den Determinanten der Entwicklung dar. Es wird also nach den Ursachen gefragt, welche die Sequenz menschlicher Verhaltensorganisationen hervorrufen und bedingen. Da die Entwicklungspsychologie in den Anfängen ihrer wissenschaftlichen Forschung entscheidende Anstöße aus den Naturwissenschaften erhielt, lag es nahe, daß die Richtung des Suchens nach den Determinanten von den Naturwissenschaften her vorgezeichnet war, einer Richtung, von der sich die Psychologie nur langsam löste. Zuerst traten also die biologischen Bestimmenden in den Vordergrund. Erst später wurden die Milieufaktoren ins Zentrum der Diskussion gerückt. Betrachten wir un einmal die einzelnen Determinanten der Entwicklung.

1. Die Vererbung

Die Befruchtung der Eizelle ist als biologischer Vorgang beschreibbar. Die Keimzellen des Menschen enthalten einen Satz von 23 Chromosomen, darunter 22 Autosomen. Durch ein Geschlechtschromosomenpaar wird das Geschlecht des Individuums bestimmt. In den Genen werden die Erbanlagen auf die Tochterzellen übertragen. Als Träger der genetischen Information fungiert die Desoxyribonucleinsäure (DNS). Die DNS besitzt die Fähigkeit zur Informationsspeicherung. Ein Gen stellt einen Abschnitt auf den DNS-Kettenmolekülen dar, welche im Verband mit Proteinen die Chromosome bilden. In den Genen wird ein Enzym oder eine

Untergruppe desselben codiert. Bei der Befruchtung übernimmt die Ribonukleinsäure (RNS) die Rolle des Überträgers der genetischen Information als »Boten-RNS«. Die Gesamtheit der Erbfaktoren ergibt den Genotyp. Die Vererbung folgt den Mendelschen Gesetzen.

Mit Hilfe der Chromosomen-Analyse konnten Chromosomenaberrationen festgestellt werden, welche für Veränderungen im Phänotypus verantwortlich sind. So wurden beim Vorhandensein von 3 Chromosomen (Trisomie) der Chromosomen 13/15 und 17/18 Mißbildungen beobachtet. Der Mongolismus erwies sich als embryonale Störung, welcher durch eine Trisomie des Chromosoms Nr. 21 hervorgerufen wird. Solche Aberrationen sind nicht vererbt; sie werden als angeboren bezeichnet und sind nicht in den Genen verankert.

Die Wichtigkeit der Vererbung für die Entstehung des menschlichen Phänotyps wurde über Jahrzehnte hinweg betont unterstrichen. Als Kronbeweise wurden Stammbaumdarstellungen von Sonderbegabungen einerseits und von Entartungen anderseits herangezogen. Damit sollte dokumentiert werden, daß letzten Endes vor allem die Veranlagung bestimmend sei für die Entwicklung eines Individuums. So wurde im Stammbaum der Familie Bach nachgewiesen, daß sich darin 76 Musiker registrieren lassen. Bei Mozart wurde die musikalische Begabung durch 3 Generationen verfolgt und aufgezeichnet. Bei Tizian, Raffael, Dürer und Feuerbach wurde in der Verwandtschaft ein gehäuftes Talent für Malerei festgestellt. In dem Geschlecht Bernouilli traten in 4 Generationen 8 bedeutende Mathematiker auf und in dem über 500 Jahre zurückgreifenden Stammbaum der Familie Siemens sind ein Dutzend Erfinder eingezeichnet, von denen 5 Berühmtheit erlangten. In der naturwissenschaftlichen Disziplin wird die Familie Darwin genannt, der mehrere bedeutende Naturforscher entstammen.

Andererseits wurde die Abstammung der Trinkerfamilie Zero verfolgt, in welcher sich in der 3. Generation unter 44 Enkeln bei 37 psychische Auffälligkeiten gezeigt hatten (Trinker, Hysteriker, Landstreicher und Verbrecher).

Es ist nie versucht worden, mit gleicher Akribie Stammbaum-Aufschlüsselungen vorzunehmen, mit deren Hilfe dokumentiert werden sollte, wie stark die Abweichungen in den Verhaltensweisen innerhalb gleicher Abstammung gehen. Eine fundierte Untersuchung müßte an einem repräsentativen Bevölkerungs-Querschnitt solche Erhebungen durchführen, um dann festzustellen inwieweit die Thesen von der Dominanz der Vererbung verifiziert oder falsifiziert werden. Die veröffentlichten Darstellungen zur Vererbungstheorie verraten meist rasch die Voreinstellung, mit der an die Auswahl der Stammbäume herangegangen wurde. Wieviele Talente, Erfinder und Hochbegabte aus Familien kommen, in deren Abstammungslinien niemand auf dem gleichen Gebiet Berühmtheit erlangt hat, wird von der Vererbungslehre kaum erwähnt.

Eine weitere Quelle für Unstimmigkeiten bei der Vererbungstheorie muß darin gesehen werden, daß häufig vom somatischen Erscheinungsbild aus ohne Vorbehalt der Schluß gezogen wird, daß die psychischen Verhaltensweisen damit voll korrelieren würden. Unbewiesen werden Sätze in den Raum gestellt wie: »Die Macht der Vererbung bleibt nicht auf das körperliche Gebiet beschränkt; sie zeigt sich auch im Geistigen«. Dann wird behauptet, daß die normalen Schulfähigkeiten von großelterlicher und elterlicher Seite vererbt seien und die geistige Begabung, ja sogar der Schulerfolg ganz von den Erbfaktoren vorbestimmt sei. Dabei wird vollständig übersehen, daß jede Verhaltensweise, welche wir im Schulalter beobachten, bereits unter einem langdauernden Prägungsvorgang im Elternhaus stand. Der musikalisch Begabte, der in einer musikfördernden Familie aufwächst, erhält dort seine frühzeitigen Anregungen. Die Begabung wird geweckt und der Prozeß »des Begabens« läuft an, der nicht mit dem körperlichen Wachstum gleichzusetzen ist.

Weitere schlagkräftige Beweise für die vorherrschende Bedeutung der Vererbung versuchte in den Jahren vor 1945 die Zwillingsforschung in Deutschland zu liefern. Als Dokumentensammlung für die Vorrangigkeit der Vererbung kann Langes[3] Werk gekennzeichnet werden. Mit Hilfe des Vergleichs von Verbrecherquoten von eineiigen und zweieiigen Zwillingen, welche quantitativ aufgeschlüsselt wurden, sollte ins Blickfeld gerückt werden, daß von der sozialen Norm abweichende Verhaltenseigenschaften unabänderbar durch die Erbgesetze festgelegt sind. Es kommt zu Formulierungen wie: »Diese Resultate sind von großer Beweiskraft; ein Großteil der schicksalbestimmenden Charaktereigenschaften ist durch Vererbung festgelegt. Es hat keinen Sinn, diese Tatsache, die für den einzelnen ebenso unerfreulich ist, wie die soziale Entwicklung einfach zu ignorieren; viel richtiger ist es, sie in ihrer vollen Tragweite zur Kenntnis zu nehmen«[4]. Nicht nur im Bereich der Kriminologie wurde so argumentiert. Es wurde versucht unter Zuhilfenahme der Zwillingsforschung zu beweisen, daß Intelligenz, Begabung und Schulleistung im wesentlichen Umfange vererbt sind. Folgende Dokumentationsexempel dienten dabei als Beweisstücke: 2 Mathematikstudenten, welche eineiige Zwillinge waren, hatten durch die ganze Schulzeit die gleichen Mathematiknoten und interessierten sich hernach während ihrem Studium für die gleichen Probleme. Ein anderes Zwillingspaar ergriff den Musikerberuf; beide dirigierten ein Musikstück so übereinstimmend, daß sie sich gegenseitig vertreten konnten, ohne daß es vom Publikum bemerkt wurde. Eineiige Zwillingsschwestern ererbten von ihrem Vater das Talent für das Schachspielen. Sie spielten dabei nach ganz ähnlichen Methoden und siegten bei einem Wettspiel mit nur einer halben Partie Unterschied.

Sind solche Schilderungen tatsächlich stichfeste Beweise für die Dominanz der Vererbung? Es müßte in allen diesen Fällen zunächst geklärt werden, wie lange diese erbgleichen Zwillinge unter gleicher Erziehung standen, im besonderen in welcher Weise sie in ihrer frühen Kindheit durch gleiches Milieu geprägt wurden. Es ist wohl so, daß bei den beiden Mathematikern die Basis für die Interessenausrichtung im gemeinsamen Elternhaus und in der gemeinsam besuchten Schule gelegt wurde. Das Musiker-Zwillingspaar wuchs im gleichen Milieu auf und wurde darin zum Musikhören, zum Musikverständnis und zum Musizieren angeregt. Die beiden Zwillingsschwestern wurden durch ihren Vater zum Schachspielen motiviert und haben die Art des Spielens und auch detailliert Züge von ihm erlernt.

Die starke Milieueinwirkung konnte bisher im Bereich der Intelligenzentwicklung experimentell nachgewiesen werden. Während ursprünglich eine durch die Erbanlage bedingte Konstanz des Intelligenzniveaus (mit einer Schwankungstoleranz von ± 5 IQ-Punkten) als gesichert galt, führten neuere differenzierte Untersuchungen zu einer Revision solcher Feststellungen. Newman, Freeman, Holzinger machten 19 eineiige Zwillingspaare ausfindig, welche im frühen Kindesalter (großteils vor Erreichen des 2. Lebensjahres) getrennt wurden und in verschiedenem Milieu aufwuchsen. Bei einer stark differierenden kulturellen Umgebung ergab sich eine durchschnittliche Abweichung von 15,8 IQ-Punkten. Roth[5] greift aus der Zusammenstellung ein eineiiges Zwillingspaar heraus, bei dem das eine Mädchen einen IQ von 92 und das andere einen solchen von 116 aufzuweisen hatte. Die eine der Schwestern wuchs im Hinterland auf und ging nur 4 Jahre zur Schule, während die andere ein College besuchte und Lehrerin wurde. Bei der IQ-Skala, in welcher 100 die Mittellage angibt, fällt der Unterschied von 24 IQ-Punkten zwischen den Intelligenzquotienten von 92 und 116 stark ins Gewicht. Versuchen wir, dieses Ergebnis auf die Alltags-Situation zu übertragen, so bedeutet dies, daß bei gleicher Anlage die Umwelt vornehmlich in der frühen Kindheit entscheiden wird, ob ein Kind die höhere Schule besucht und zum Studium geht oder ob es in die Volksschule oder gar in eine Sonderschule geht.

Bloom[6] schätzt die Differenz, welche durch ein reiches und schwaches Umweltangebot im Intelligenzstatus zustande kommen kann auf ungefähr 20 Punkte, während Roth den immensen Unterschied von 50 IQ-Punkten angibt, welcher dann auftreten würde, wenn einer der erbgleichen Zwillinge von frühester Kindheit an in einer der Erziehung feindselig gegenüberstehenden Slum-Umwelt aufwächst, während der andere sich in einem hervorragend anregenden Milieu entwickelt. Die Korrelation zwischen Intelligenzniveau und Umwelteinwirkung ist eindeutig, wobei zu betonen ist, daß der »Spielraum der Beeinflußbarkeit« in den frühen Jahren am größten ist. Das Postulat von der Stabilität des Intelligenzniveaus und damit von der Macht der Vererbung hat seine Gültigkeit verloren. Es darf mit Sicherheit angenommen werden, daß sich ebenso frappierende Ergebnisse herausstellen, wenn präzise Untersuchungen über die Beeinflußbarkeit anderer menschlicher Funktionen, Eigenschaften und Verhaltensweisen vorliegen.

2. Erste Prägung

Es wurde erwähnt, daß Hebb sechs Faktoren aufzählt, welche nach seiner Ansicht zur Entwicklung der Verhaltensweisen beitragen. Seine Klassifizierung führt zur Frage nach den ersten Prägungen. Nach der

Befruchtung sind Mutationen möglich, welche nicht genetisch bedingt sind. Hierzu zählen Veränderungen in den Genen und im Plasma, welche in der vererbten Ausstattung des Organismus nicht verankert sind. Der Wolfsrachen, die Hasenscharte oder das Muttermal eines Kindes können unter Umständen auf derartige Mutationen zurückgeführt werden. Zur Unterscheidung vom Vererbten werden sie als »angeboren« bezeichnet[8]. Erscheinungsweisen dieser Art zeigen sich bereits bei der Geburt, sind jedoch nicht von den vorhergehenden Generationen durch Vererbung übergeben. Bisher sind solche Mutationen nur aus den somatischen Bereichen bekannt. Inwieweit sie im menschlichen Orientierungssystem, im Antriebssystem und im Wirksystem Veränderungen hervorrufen, entzieht sich bisher der Forschung. An dem Vererbten und Angeborenen können des weiteren Umformungen intrauterin sowie bei der Geburt und nach der Geburt erfolgen. Diese möglichen Einwirkungen sind bisher nur in der Form von Schädigungen erfaßt. Es darf jedoch angenommen werden, daß es in vergleichbarer Weise auch positiv zu verbuchende Einflüsse gibt; nur ist deren Registrierung außerordentlich schwer.

Um die Faktoren darzulegen, sei der menschliche Entwicklungslauf nach der Konzeption kurz umrissen. Er erfolgt in 3 unterscheidbaren Abschnitten.

1. Die Blastemzeit wird von der Befruchtung bis zum Ende der dritten Lebenswoche angesetzt. Die befruchtete Eizelle wächst durch fortgesetzte Zellteilung. Die Furchungszellen (Blastomeren) ordnen sich zu einem einschichtigen Verband und bilden eine Hohlkugel, die Blastula.
2. In der darauf folgenden Embryonalzeit kommen von der 4. Woche bis zum Ende des 3. Monats alle Organe mit Ausnahme des Zentralnervensystems zur Ausbildung. Die Gliedmaßen und die einzelnen Organe am Kopf werden erkennbar.
3. Die Fetalzeit, vom 5. bis 9. Schwangerschaftsmonat bringt die volle Ausbildung der Organe bis zur Geburtsreife, verbunden mit einem deutlichen Längenwachstum und einer Gewichtszunahme des Fetus.

Die pränatalen Veränderungen sind im wesentlichen zu kennzeichnen als Einwirkung infolge Sauerstoffmangels im Blute der Mutter, als Glukosemangel durch verringerte Versorgung mit Stärke und Zucker aus dem Blute und als Ferment-Mangel infolge unzureichender Stoffwechsel-Umsetzung. Virus-Erkrankungen der Mutter können bereits in den ersten Schwangerschaftsmonaten erhebliche Schädigungen hervorrufen. Ebenso können Toxikationen durch schädliche Medikamente und andere chemische Stoffe bewirkt werden. Mechanische Schädigungen durch Stoß oder Druck sind relativ selten, da das Kind im Mutterleib geschützt ist. Eine Reihe von Schädigungen konnten allerdings nachgewiesen werden, welche ihre Ursache in unsachgemäßen Versuchen der Schwangerschaftsunterbrechung haben.

Da nach medizinischen Angaben die Markscheidenausbildung der Gehirnzellen erst ungefähr mit dem 10. Monat nach der Geburt als abgeschlossen zu betrachten ist, sind bleibende Schädigungen durch mangelnde Sauerstoffzufuhr oder durch Stoffwechselstörungen noch bis zum Ende des ersten Lebensjahres möglich. In der Psychatrie hat sich für alle derartigen Veränderungen der Terminus »frühkindliche Hirnschädigung« eingebürgert. Darunter fallen sämtliche »Formen der Einwirkung aller exogenen (vom Kind aus betrachtet) Schädigungen«[9]. Als Zeitraum für solche Einwirkungen kann die Spanne zwischen der Konzeption und dem Ende des ersten Lebensjahres angegeben werden. Er umfaßt damit vor allem den Zeitraum der phylogenetisch-fetalen und postnatalen Entwicklung, in welchem sich die Ausreifung des menschlichen Gehirns vollzieht. Eine Virus-Erkrankung der Mutter am Beginn der Schwangerschaft kann Mißbildungen hervorrufen (Bsp: Rötelnembryopathie).

Auch die Geburt kann zu Schädigungen führen. Vornehmlich haben mangelnde Sauerstoffversorgung (Asphyxie) und mechanische Traumen unter Umständen schädigende Auswirkungen, welche sich unter Umständen erst viel später im Entwicklungsgange (etwa in der Pubertät) zeigen.

Postnatale Einwirkungen im Laufe des ersten Lebensjahres durch Intoxikationen, Ernährungsstörungen oder durch Stoß und Druck werden ebenfalls unter die frühkindlichen Hirnschädigungen eingeordnet. Eine Untersuchung von dystrophischen Säuglingen betont die Tragweite solcher Einwirkungen im 1. Lebensjahr. Unter 113 untersuchten dystrophischen Kindern fand Lange-Cossak[10] 19,3% Schwachsinnige und 36,4% Schwachbegabte. Über die Hälfte dieser dystrophischen Kinder wies damit erhebliche Veränderungen auf, welche sich auf ihre Erlebens und Verhaltensweisen auswirkten.

Die Folgen von frühkindlichen Hirnschädigungen lassen sich in psychologischen Untersuchungen in den verschiedenen Fähigkeiten und Funktionen menschlicher Aktivität registrieren, etwa als Veränderungen der Sprechmotorik, im Wahrnehmungsbereich (etwa in verminderter Figur-Hintergrund-Unterscheidung), als Ausfall oder Dezimierung im Bereich der Intelligenz, in erhöhter Reizempfindlichkeit, in rascher Ermüdbarkeit bei geistiger Arbeit, in Konzentrationsstörungen und in gestörter Kommunikationsfähigkeit.

Unter den erziehungsschwierigen Kindern fand Enke[11] 73,6% mit einer solchen frühkindlichen Hirnschädigung. Unter den Sonderschülern wurden 24,4% registriert. Nach einer Untersuchung von Lempp[12] wurden bei einer Erfassung von 275 Erstkläßlern aus Stadt und Kreis Tübingen bei 19,7% mit großer Wahrscheinlichkeit eine leichte oder schwere frühkindliche Hirnschädigung festgestellt. Er folgert daraus: Wir dürfen annehmen, daß »etwa jeder 6.-8. Mensch eine, wenn auch leichte, unter Umständen verdünnte, aber doch noch aus Symptomen zu registrierende frühkindliche Hirnschädigung durchgemacht hat.«

Diese Fakten sind nicht nur für den Psychiater und den Heilpädagogen von Wichtigkeit. Sie zeigen deutlich auf, welche eminente Bedeutung ganz allgemein den Einwirkungen während der Schwangerschaft und in den ersten 12 Lebensmonaten nach der Geburt beizumessen ist. Denn wenn sich Schädigungen in dieser Zeit so gravierend auswirken, so darf geschlossen werden, daß die entsprechenden gesunden Einwirkungen in dieser Zeitspanne sich auch entsprechend positiv auf die Entwicklung auswirken.

Ein Experiment von Harell, Woodyard, Gates, das von Anastasi berichtet wird, liefert hierzu einen bemerkenswerten Nachweis. Darin wurden schwangere Frauen aus den unteren Einkommenschichten untersucht, deren Ernährung allgemein als unzureichend bezeichnet wurde. Während der Schwangeschaft und in der Zeit des Stillens erhielt die Untersuchungsgruppe zusätzliche Nährkost. Einer vergleichbaren Kontrollgruppe von schwangeren Frauen, ebenfalls aus Familien mit niedrigen Einkommensverhältnissen kommend, wurden Placebos (Leer- oder Blind-Präparate ohne besonderen Nährwert) verabreicht. Die Kinder beider Gruppen wurden im Alter von drei und vier Jahren auf ihre Intelligenz untersucht. Die Autoren berichten, daß die Intelligenzquotienten der Kinder aus der Experimentiergruppe bedeutend höher lagen als die der Kinder aus der Kontrollgruppe[13].

3. Wachstum und Reifung

Die Anlagen, das Angeborene sowie die pränatalen, natalen und postnatalen Einwirkungen können mit einem Grundstock verglichen werden, aus dem heraus sich die Entwicklung vollzieht. Die Vorbedingungen für Wachstum und Reifung liegen im Organischen. Ohne diese Voraussetzungen findet keine Reifung statt. Auch die stärkste Umweltstimulation schafft aus sich heraus kein Reifen, wenn der Organismus keine Bereitschaft zeigt und nicht anspricht. Wachsen ist endogen bedingtes Zunehmen, während Reifung als »endogen bedingte Ausformung« definiert wird[14]. Es liegt nun nahe, den Schluß zu ziehen, der besagt, daß das Reifen eine gleiche biologische Gemeinsamkeit aller Lebewesen, einschließlich des Menschen, darstellt. Bereits an diesem Punkte setzt eine distanzierte Betachtungsweise überlegend ein und fragt: Sind pflanzliche, tierische und menschliche Reifung absolut gleich zu sehen?

Schon die Ausgangssituation weist nicht unerhebliche Unterschiede auf. Das Tier steht in einem lebensfähigeren Stadium als der Mensch, wenn er zur Welt kommt und wenn sein Wachstum und seine Reifung in seiner Umwelt sich vollziehen. Noch markanter sind die Unterschiede zwischen dem pflanzlichen Wachsen und Reifen und dem des Menschen. Portmann[15] kommt in einem Vergleich von Mensch und Tier zu folgendem inhaltsschweren Ergebnis. »Wie anders ist es doch beim Tier – bei ihm reifen alle Organe wie auch die wichtigsten Formen des Verhaltens im Dunkel des Mutterleibes ohne Kontakt mit der Umwelt ständig heran. Im Gegensatz zu allen höheren Tieren erwirbt der Mensch wesentliche Züge seiner ihm eigenen Daseinsform im »Freien«, gleichsam in offener, reicher Beziehung zu Farben und Formen, zu lebenden Wesen, vor allem zum Menschen selber.« So ist die Ausgangsposition für Wachstum und Reifung schon recht unterschiedlich.

Aber auch der Verlauf darf nicht ohne weiteres gleich gesetzt werden. Das leibliche Wachsen des Menschen stellt sich nicht in kontinuierlicher

Gleichmäßigkeit dar. Außerdem bietet das Neugeborene nicht ein maßstabgerechtes verkleinertes Abbild des Erwachsenen. Die Proportionen des Kleinkindes sind anders als die des ausgewachsenen Menschen. Das Verhältnis von Kopf:Körper:Gliedmaßen verschiebt sich im Wachstum. Gliedmaßen und Körper wachsen in gewissem Sinne dem Körper nach. Die Fakten eines körperlichen Gestaltwandels zwischen dem 5. und dem 7. Lebensjahr und in der Pubertät fallen ins Auge und lasen sich in Maßen festlegen. Einverhängnisvoller Irrtum liegt vor allen Dingen darin, daß die seelische Entwicklung in genauer Parallelität zum körperlichen Wachstum gesehen und postuliert wird, daß die Entwicklung der psychischen Verhaltens- und Erlebnisweisen ebenso verlaufen würde, wie sich das körperliche Wachstum vollziehe, ja, daß letzten Endes beides rein endogen bedingt sei.

Rücken wir zunächst einmal das körperliche Wachstum und das somatische Reifen ins Blickfeld! An ihrer endogenen Bedingtheit und damit an ihrer Unbeeinflußbarkeit durch äußere Faktoren scheint zunächst keinerlei Zweifel zu bestehen.

Die Erscheinungsbilder der körperlichen Akzeleration haben jedoch gezeigt, daß auch menschliches Wachstum und menschliches Reifen nicht absolut umweltstabil sind[16]. Die Körpergröße des Menschen hat allgemein im Laufe der letzten 5 Jahrzehnte zugenommen. Eine in jüngster Zeit gemessene Primanerklasse weist eine Durchschnittsgröße von 179,4 cm auf. Im Jahre 1914 betrug der Durchschnitt einer Primanerklasse 169,7 cm, ebenso haben die Durchschnittswerte für die Körpergröße bei den Entlaßschülern der Hauptschule im Vergleich zu denen der Volksschüler früherer Jahrzehnte zugenommen. Ebenso kann eine eindeutige Größenzunahme bei den Schulneulingen registriert werden (seit 1948 um etwa 5 cm). Die gynäkologischen Kliniken haben eine veränderte Durchschnittsgröße von Neugeborenen nachgewiesen (um rund 1 cm größer als um 1900). Das Erscheinen der ersten Zähne und der Wechsel des Milchgebisses findet in der jetzigen Generation um ca. drei Monate früher statt als bei deren Eltern, ebenso tritt die Skelettreifung früher ein. Ferner berichtet die medizinische Forschung über die Vorverlegung des Häufigkeitsgipfels von Kinderkrankheiten. Das Haupterkrankungsalter von typischen Kinder- und Entwicklungskrankheiten wie Chorea, Pubertäts-

Tbc und Rheuma erscheinen heute früher als vor einer oder gar vor zwei Generationen.

Gravierender als die Veränderung des Längenwachstums wirkt sich die Verschiebung der sexuellen Reifung aus. Bei den Mädchen setzt die Menarche um 1 bis 1½ Jahre früher ein als bei der Müttergeneration. Auch bei den Jungen liegt die geschlechtliche Reifung nach den schulärztlichen Beobachtungen um ein bis eineinhalb Jahre früher als seinerzeit bei den Generationen der heute 50–60jährigen Männer.

Das Aufhellen der Ursachen für die Akzeleration ist noch nicht abgeschlossen. Zur Erklärung werden mehrere Hypothesen angeführt.

Diese umfassen die folgenden Themenkreise:

a) Die mannigfaltigen Eindrücke und der rasche Ablauf des Umweltgeschehens stürmen als Reizüberflutung auf den jungen Menschen ein. Über das endokrine System wird dadurch ein früheres Einsetzen der Wachstumsschübe, ein verstärktes Längenwachstum und ein vorverlegter Beginn der Reifungsvorgänge ausgelöst.

b) Die Veränderung in der Ernährungsweise (vermehrter Eiweiß- und Zuckerkonsum) haben veränderte hormonale Einwirkungen zur Folge, welche als eine der möglichen Ursachen für die sich verschiebenden Wachstums- und Reifungsvorgänge angesehen werden können.

c) Die heutigen Nahrungsmittel sind durch chemische Düngung und durch chemische Konservierungsmittel nicht mehr in ihrem ursprünglichen Zustand. Es ist denkbar, daß diese Chemikalien in den Lebensmitteln Veränderungen hervorrufen, welche irgendwie eine Einwirkung auf die innere Sekretion haben. Dann und wann wird die chemische Verunreinigung der Luft oder auch die vermehrte frühzeitige Einnahme von chemischen Arzneimitteln in der Reihe der Ursachen genannt.

d) Der heutige Mensch sucht die Sonnenbestrahlung, welche er in früheren Jahrzehnten oft um des Teints willen gemieden hat. Die Argumentation einiger Autoren greift dieses Faktum auf und meint, daß dieses vermehrte Aussetzen des Körpers an die Sonnenstrahlen auf das Drüsensystem einwirke und damit die Wachstums- und Reifeveränderungen hervorbringen. Ferner wird betont, daß in den großen Ballungsgebieten die ultra-violetten Strahlen von der Dunstglocke absorbiert werden. Daraus resultiere eine verstärkte Rotbestrahlung, welche mit als Ursprung für die Verschiebungen betrachtet werden könne.

e) Die medizinischen Fortschritte und intensivere ärztliche Betreuung bringt eine Verringerung der Kinderkrankheiten mit sich. Zumindest ist deren Verlauf nicht mehr so langwierig wie früher. Sie haben dereinst eine Wachstumshemmung zur Folge gehabt, welche heute nicht mehr ins Gewicht fällt.

Wenn es auch bisher noch nicht möglich war, mit Hilfe einer Faktorenanalyse abzuklären, welche der angeführten Ursachen und in welchem Ausmaß diese für die Akzeleration verantwortlich zeichnen, so ist doch ersichtlich, daß durch Umwelteinwirkungen selbst die Wachstums- und Reifungsprozesse beeinflußt werden können. Wachsen und Reifen sind jedoch nicht gleichzusetzen mit Entwicklung. Sie stellen zwar wichtige Voraussetzungen dafür dar, aber Entwicklung ist mehr als Wachstum und Reifung. Dies läßt sich an einigen weiteren Beispielen leicht aufzeigen.

Wenn einem Neugeborenen lediglich eine Versorgung zuteil wird, welche ihm an Nahrung und Pflege das bietet, was für Gesundheit, Wachstum und Reifung erforderlich ist, so entwickelt sich dieses Kind nicht in der gleichen Weise wie Kinder, die von einer Mutter liebend und umsorgend betreut werden. Die Hospitalismusforschungen haben klar bewiesen, daß Kinder ohne ein Mutter-Kind-Verhältnis zu Entwicklungsrückständen und zu psychischen Störungen neigen, welche in der zweiten Hälfte des 1. Lebensjahres zu anaklitischen Depressionen führen können (Weinen bei Annäherung, Gewichtsverlust, Schlaflosigkeit, Kontaktstörungen, wachsende Anfälligkeit für interkurrente Erkältungen und Ekzeme)[17]. Die Deprivation der ersten sozialen Mutter-Kind-Beziehung kann später zu Entwicklungsstörungen, zu Verhaltensauffälligkeiten, zu neurotischen oder psychotischen Erkrankungen führen.

Anna Freud[18] weist aus der Auswertung langer Erfahrungen in der Kinderpsychotherapie darauf hin, daß die Säuglingspflege von allem Anfang an in verständnisvoller Weise auf das Kind abgestimmt sein muß. Wo kein »mothering« erfolgt, können sich früh die ersten Anzeichen neurotischer Symptome zeigen, welche sich in speziellen Abwehrmechanismen äußern, deren sich das Kind bedient (Verdrängung, Reaktionsbildungen entsprechender Art, Projektion, Wendung gegen die eigene Person und ähnliches). Später können sich Angst und Schuldgefühle, zwangsneurotische Symptome, hysterische Reaktionen, Phobien, psychosomatische Symptome und Auffälligkeiten im sozialen Bereich, wie Disozialität manifestieren. Es ist unverkennbar, daß das Kind mehr braucht als nur eine Versorgung für Wachstum und Reifung.

Die Sprache ist von eminenter Bedeutung für den Menschen, und die Beherrschung der Sprache ist u. a. wesentliche Voraussetzung für die Entwicklung kognitiver Strukturen und kommunikativer Prozesse. Sprache reift im Menschen nicht endogen bedingt aus; sie wird durch Lernen erworben. Allerdings kann der Beginn des Spracherwerbs nicht beliebig zeitlich nach vorn (etwa bis zum 1. Lebensmonat) verschoben werden, weil durch Reifung erst die Bereitschaft für die Sprachentwicklung geschaffen werden muß. Um zum Sprechen zu kommen, um Sprache erlernen zu können, stellt ein gewisser Reifestatus des Zentralnervensystems, sowie die Ausbildung der afferenten und der efferenten Bahnen und der sprechmotorischen Apparatur die Voraussetzung dar. Aber es ist keinesfalls so, daß sich das Kind mit dem Abschluß dieser Reifungsvorgänge auch die Sprache erworben hat. Sie bilden nur die Ausgangsbasis für die Möglichkeit des Erlernens der Sprache, das sich im Umgang mit der Umwelt vollzieht. Nur in der sprechenden Umgebung und durch die sprechende Umgebung kommt das Kind zur Sprache. Die Reifung stellt demnach gemäß diesem Beispiel zwar eine unabdingbare Voraussetzung für die Entwicklung von Verhaltensweisen und Fähigkeiten dar, aber eben doch nur eine Voraussetzung, die jedoch an sich nicht ausreicht, um das Kind zur Entwicklung zu führen.

Auch die sogenannte »Schulreife« stellt kein reines Reifungsproblem dar. Von Kerns[19] Veröffentlichungen ausgehend, wurde die Schulreife nach dem Stand der Gliederungsfähigkeit beurteilt; das Werden der Gliederungsfähigkeit aber wurde als endogen bedingt betrachtet. Das Resultat war, daß allgemein empfohlen wurde, die noch nicht schulfähigen Kinder so lange zurückzustellen, bis sich der geforderte Reifestatus in der Gliederungsfähigkeit nachweisen läßt. Würden noch nicht schulfähige Kinder eingeschult, so kämen sie in der Schule nicht mit; deshalb erschien es als geboten, das Einschulungsalter heraufzusetzen, damit es keine Sitzenbleiber gab.

Eine Reihe neuerer Untersuchungen[20],[21] hat erbracht, daß die Gliederungsfähigkeit nicht allein reifungsbedingt ist. Sie ist in erstaunlichem Maße übungsfähig. Schulreife beruht demnach nicht generell auf umweltunabhängigen, immanent gesteuerten Vorgängen. Sie ist trainierbar. Weitere Ausführung über die Übbarkeit der Gliederungsfähigkeit finden sich in diesem Kapitel S. 67 ff.

Wie aber ist es um die Reifung in der Pubertät bestellt! Sind die eigentlichen Reifejahre nicht doch eine Reifeangelegenheit? Daß die Geschlechtsreife durch die Akzeleration Verschiebungen erfahren hat, wurde schon ausgeführt. Aebli[22] greift in dieser Thematik weiter aus. Er bewertet eine Serie von Untersuchungsergebnissen, welche dokumentieren, daß die psychischen Verhaltensweisen des Individuums nicht als Erscheinungen zu verbuchen sind, welche »im Gefolge der physiologisch-anatomischen Reifung einfach auftauchen«. Die Pubertät trägt in unterschiedlichen sozialen Gruppen und in verschiedenen Kulturen deutlich unterscheidbare Züge. Krisenzeiten in der Reifung entstehen und erhalten ihr Gepräge gemäß der sozialen und der kulturellen Umwelt (Mead)[23]. Selbst die Ausformung solcher elementarer Verhaltens- und Erlebnisweisen, welche mit der menschlichen Sexualität im Zusammenhang stehen, sind keinesfalls rein reifungsbedingt. Die hormonale Umstellung in der Pubertät hat nur »sensibilisierende und potenzierende« Auswirkungen (Beach)[24]. Die spezifische Gestaltung des geschlechtlichen Verhaltens geschieht in der Umwelt.

Wenn wir den Blick auf die »reife Persönlichkeit« lenken, so erkennen wir, daß gerade ihre geprägten Verhaltens- und Leistungsformen nicht das Ergebnis eines Reifungsvorganges sind, sondern in Lernprozessen ausgeformt wurden.

Selbst im Vorgang des Alterns sind die besonderen Einstellungen, die Haltungen, die Erlebnis- und Verhaltensweisen keinesfalls allein auf endogen bedingte Vorgänge zurückzuführen. Dies hat die gerontologische Forschung experimentell überzeugend nachgewiesen (siehe S. 60 ff.).

Der Aufbau der menschlichen Verhaltensstrukturen kann nicht allein als Reifungsgeschehen dargestellt werden. Immer sind dabei Umwelteinwirkungen im Spiel. Dies läßt sich durch den ganzen menschlichen Lebenslauf nachweisen.

4. Die soziale Determinante

Wenn zur Klärung des Sozialisierungsbegriffes zwischen der Sozialwerdung (des Individuums) und der Sozialmachung (d. h. der Einwirkung der Umwelt) unterschieden wird[25], so ist ein solcher Versuch anzuerkennen, da er exakte Definitionen anstrebt. Von der Psychologie aus gesehen, kann im Vorgang der Entwicklung ein Doppeltes konstatiert werden, nämlich: »externe Stimulatoren«[26] und »ein sich entwickelndes Individuum«, in dessen Verhaltensweisen sich Änderungen abzeichnen. *Fend*[27] sieht in der Sozialisierung im allgemeinsten Sinne »Das Werden der Persönlichkeit durch soziokulturelle Beeinflussung«. Auch hier sind beide Blickrichtungen erkennbar; die eine richtet sich auf die sich entwickelnde Person und die andere lenkt das Augenmerk auf die soziale Determinante, als die durch die Umwelt repräsentierten Variablen. Der Vorgang der Sozialmachung vollzieht sich an der werdenden Person. Eine vollständig isolierte Betrachtung der unabhängigen und der abhängigen Variablen in der Sozialisierung ist nicht möglich, vor allem nicht, wenn es um die Erforschung des Vorgangs (als solchem) geht, der sich zwischen beiden abspielt. Es wurde bereits herausgestellt, daß die Einwirkungen der Umgebung wesentlich bestimmend für den Entwicklungsverlauf des Menschen sind. An seinem Lebensbeginn ist der Mensch unselbständig, egozentrisch uneingepaßt, ja asozial. In seiner Entwicklung wächst er in die Gesellschaft hinein und wird durch die Verhaltensmuster seiner Umgebung geformt. Dabei bringt die Entwicklung nicht nur eine Verfestigung im Sinne der Übernahme von Leitlinien mit sich, sondern sie läßt Raum für Variabilität. Das Ziel der Sozialisation darf nicht so gesehen werden, als ob dabei nur Einstellungen, Gewohnheiten, Verhaltensweisen und Urteile der Gesellschaft übernommen werden sollen, d. h., daß Einpassung stattfindet.

Vielmehr soll das Individuum in der Entwicklung zur Mündigkeit geführt werden und damit lernen, die eigenen Verhaltensmuster und die der Umgebung kritisch zu überprüfen und erforderlichenfalls einer Revision zu unterziehen. Sieht man in der Sozialisierung einen »Prozeß, durch den ein Individuum, das mit Verhaltensmöglichkeiten von sehr weitem Radius geboren wird, zu der Entwicklung eines Verhaltens geführt wird, das auf den engeren Radius beschränkt ist, wie er durch die Standards einer Gruppe definiert wird«[28], so werden bei einer Analyse dieser Definition 3 Akzente wesentlich:

1. Entwicklung hat Prozeß-Charakter, das heißt: Sie ist nicht vom Ursprung an bereits festgelegt und nicht vom Beginn an in absoluten Bahnen fixiert. Es bleibt ein weiter Spielraum für die Einwirkung von Kräften aus dem Umfeld, welche den Verlauf des Entwicklungsganges wesentlich mitbestimmen. Kennzeichnend für den Entwicklungsprozeß ist demnach die Dynamik.
2. Der Mensch bringt eine breite und weite Formbarkeit mit sich. Die Sozialisation ermöglicht nicht nur die Verwirklichung eines einzigen im voraus fixierten Bildes. Infolge der großen Plastizität ist dem Menschen eine Vielzahl von Möglichkeiten mitgegeben, eine Vielzahl von Möglichkeiten, die ein einzelnes Individuum keinesfalls alle für sich realisieren kann.
3. Aus dieser mitgegebenen Vielfalt von Verwirklichungsmöglichkeiten wird das ausgewählt und aktiviert, was in der sozialen Umwelt verwirklicht ist, und was ihren Standards entspricht. Die soziale Umgebung wirkt vom Beginn an selegierend. Sie fordert und fördert diejenigen Verhaltensweisen, welche ihren Normen entspricht und stellt diejenigen zurück, die ihren Gepflogenheiten und Gegebenheiten zuwiderlaufen.

Entwicklung ist weitgehend Sozialisation. Sie ist Prägung in psychologischer (nicht in biologischer) Bedeutung. Die Umwelteinflüsse wirken nicht nur als Schlüsselreize zum Einklinken, sondern im Sinne einer Gestaltung und Umgestaltung offener Dispositionen und Potenzen.

Das in einer sozialen Gruppe vorhandene Normengeflecht schafft die ihm entsprechenden Pflege- und Erziehungsformen, welche auf die nachfolgende Generation einwirken. Aber es ist nicht allein die Elterngeneration, welche in den Prozeß der Entwicklung durch die erziehlichen Maßnahmen eingreift. Der Wirkungskreis ist umfassender. Es sind die gesamten Einstellungen und Haltungen, die gesellschaftlichen und kulturellen Lebensformen und ihre Objektivierung, sowie die den Menschen umgebende Umwelt, welche im ganzen und im Detail auf die Entwicklung der Person einwirkt. Prägung erfolgt in der Entwicklung auch durch die geophysikalischen und durch die geobiologischen Naturgegebenheiten. Scharmann[29] weist mit Recht darauf hin, daß das soziale nur einen Teilbereich unseres ökologischen Systems ausmacht. Die Erforschung der Einwirkungsmöglichkeiten der geobiologischen und geophysikalischen Faktoren auf die Entwicklung ist bisher nur wenig angegangen worden und die Forschungsergebnisse sind noch nicht umfassend und tiefgreifend. Vor allen Dingen fehlen noch exakte Vergleichsdarstellungen aus verschiedenen Kontinenten.

Wenn Margret Mead[30] schreibt: »Menschentum muß erlernt werden«, so ist damit auf die Bedeutung der Sozialisation in der Entwicklung verwiesen. Wir dürfen bei der Betrachtung des Vorgangs der Sozialisation nicht übersehen, daß viele der Anpassungsvorgänge unbewußt vor sich gehen, ohne daß das sich entwickelnde Individuum sich dabei gefordert fühlt. Eine ganze Reihe von Verhaltensweisen werden in einer natürlichen Angleichung an das Gruppenverhalten geprägt, zum Teil auch ohne eine Reflexion der erwachsenen Gruppenmitglieder über die Zweckmäßigkeit und die Notwendigkeit der Verhaltensweisen, in welche die nächste Generation hineingeführt wird. Ein umfassendes Geflecht nimmt den werdenden Menschen auf. Er bemerkt viele der Fäden, welche in diesem Netz zusammenlaufen und ihn lenken, gar nicht bewußt. Und doch werden sie für ihn zu Richtschnüren, an welche er sich anpaßt und zwischen denen er sich bewegt. Die Rolle, welche Mann und Frau in einer Gemeinschaft übernehmen, scheinen zunächst schlechthin biologisch bedingt zu sein. Gemäß der natürlichen Bestimmung hat die Frau in vielen Gemeinschaften die Ernährung und Aufzucht des Nachwuchses zu übernehmen. So ist sie an das Haus gebunden, und übernimmt neben der Pflege der Kinder die Versorgung der Familie im Haus, während der Mann einen Beruf ausübt, seiner Arbeit nachgeht, sich um den Schutz seiner Angehörigen kümmert, und Besitz und Wohnung verteidigt, wenn dies erforderlich wird. Solche Festlegungen können im Extrem zu Verzerrungen führen. Es gibt in ethnologischen Gruppen eigenartige Riten, bei denen sich Männer als Frauen verkleiden, um so deren Minderwertigkeit zu karrikieren und ebenso Frauen, welche sich als Männer verkleiden und den prahlerischen männlichen Bombast karrikieren.

Viele von den Verhaltensweisen, welche wir als naturgemäß geschlechtsbedingt betrachten, sind durch die soziale Umgebung ausgeformt. Es gibt zum Beispiel in unserer westlichen Gesellschaft Frauen, welche versuchen, durch entsprechende Kleidung eine Schwangerschaft so lange als möglich zu verbergen und auch vor den eigenen Kindern nicht zu zeigen. Eine solche Verhaltensweise kann zu einem Verhaltensmuster werden. Auf Bali dagegen wird die Schwangerschaft von Müttern mit Stolz gezeigt, das wirkt auf die Kinder. Dort spazieren denn auch die kleinen Mädchen zwischen 2 und 3 Jahren des öfteren mit absichtlich vorgeschobenen Bäuchen herum. Die älteren Frauen betrachten sie dann anerkennend und berühren sie spielerisch im Vorbeigehen. Sie scherzen mit diesen Mädchen und sagen zu ihnen: »Bist du schwanger?« Und tätscheln sie[31].

Selbst die Geburtsriten weisen eine ganz eigenartige Skala unterschiedlichen Verhaltens auf. Eine extreme Abweichung von den in unserer Gesellschaft vorhandenen Gebräuchen stellt die Couvade dar. Die Arapesh, ein besitzloser Volksstamm in den Toricelli-Bergen von Neu-Guinea zeigen die Besonderheit, daß die Frauen in der Selbstsicherheit und in der Kraft den Männern nicht nachstehen und daß sie das Austragen und das Aufziehen von Kindern verabscheuen. Dort sorgen die Frauen nahezu allein für die gesamte äußere Versorgung der Familien. Der Mann teilt während der Schwangerschaft der Frau die Tabus, die dieser in ihren Verhaltensweisen auferlegt sind. Nach der Geburt des Kindes liegt er neben der Frau und ruht gewissermaßen von der schweren Arbeit des Kindergebärens aus. Ähnliches wird von Stämmen in Afrika berichtet, bei denen der Ehemann sofort nach der Entbindung der Frau sich auf das Lager begibt und hier Tage, ja wochenlang verharrt und sich so anstellt, als bedürfe er der Wochenbettpflege. Die frischentbundene Frau übernimmt manchenorts sofort ihre Arbeiten und Verrichtungen.

Es gibt soziale Gemeinschaften, in denen die männlichen und weiblichen Nachkommen gesellschaftlich verschieden bewertet werden und in der Ausrichtung auf diese Norm die dazu passenden Verhaltensweisen entwickeln. Auf Bali kann einem Manne, der nicht heiratet, keinesfalls der volle Status des Mannes zugesprochen werden. Er gilt als alter Mann. Noch tiefer jedoch ist die Stellung eines Mannes, der zwar verheiratet und Vater ist, wenn er nur Töchter hat. Von einem Mann eines dortigen Dorfes wird berichtet, daß er 4 Töchter hatte und dessen Frau danach in einer Zeitspanne von 4 Jahren keine Kinder mehr bekam, daß er sich von der aktiven Dorfgemeinschaft zurückziehen mußte. Seine gesellschaftliche Position hätte nur wieder hergestellt werden können, wenn ihm ein Sohn geboren worden wäre. In eine angesehene Stellung rückt auf Bali der Mann auf, der einen Sohn hatte, welcher gestorben ist. In einem solchen Falle brauchen sich Mann und Frau nicht vom aktiven Dorfleben zurückzuziehen, auch dann nicht, wenn sich das jüngste Kind verheiratet hat, wie das sonst zur Ordnung gehört. Auch die Zuteilung der Geschlechter zu einer mehr im Hause ablaufenden oder einer mehr außerhalb des Hauses verlaufenden Tätigkeit weist Unterschiede auf. Bei Beobachtungen von Eingeborenenstämmen wurde festgestellt, daß bei einem der Stämme lediglich die Frauen und Kinder Schnüre mit Schmuck tragen, während es bei einem anderen Stamme die Männer und die Kinder sind. Bei einem dieser Stämme gehen die Frauen mit geschorenem Kopf der Arbeit außerhalb des Hauses nach und die Männer sind zu Hause und zeigen Interesse an Kunst und theatralischen Darstellungen. Die Männer kaufen ein, malen und schnitzen und tanzen und tragen dabei ihren Schmuck zur Schau. Außerdem wird geschildert, daß sie für Klatsch zugänglich sind. In dieser Gruppe der Tchambuli auf Neu-Guinea sind bereits die Jungen aufgrund der gesellschaftlichen Regeln verzärtelt, launenhaft und kaum fähig, mit Schwierigkeiten fertig zu werden. Die Mädchen sind dagegen aufgeweckter, aufgeschlossener, unternehmender und entscheidungsfreudiger als die kleinen Jungen. Wie schon erwähnt, tragen die Frauen die Haare kurz geschoren, die Männer dagegen lassen sich diese lang wachsen und tragen Locken, zum Teil ergänzen sie diese durch falsche Locken aus Palmringen[32].

Viele der Verhaltensweisen von Mann und Frau, die wir so gerne als geschlechtertypisch und als biologisch vorgegeben bezeichnen, erweisen sich bei genauer Untersuchung und im Vergleich mit den Verhaltensweisen anderer ethnologischer Gruppen weitgehend als durch die soziale Umgebung bedingt und als variabel ausformbar. In diesem Sinne beschreibt Cooley das Geschehen innerhalb der Primärgruppen und den Vorgang der Sozialisation: »They are primary in several senses, but chiefly in that they are fundamental in forming the social nature and ideals of the individual«[33].

Im Kinde werden früh die Muster wirksam, welche in der Gruppe Gültigkeit haben. Schon die Polarität von Groß und Klein als der erste »der existentiellen Gegensätze« zeitigt eine Ausformung. Das Kind kann in einer Gruppe als solches voll anerkannt, es kann aber auch abgewertet werden. Dadurch kommt es zu einem unterschiedlichen Geprägtwerden im interpersonalen Feld.

Die Hospitalismusforschung erbringt schlagkräftige Beweise für die Bedeutung der personalen Umwelteinwirkung auf die Entwicklung des Kindes. Unter Hospitalismus wird die Tatsache verstanden, daß durch Heimerziehung und längeren Heimaufenthalt bei Kindern und Jugendlichen Entwicklungsrückstände in Erscheinung treten, welche als Kontaktarmut oder als fehlende Distanz, in allgemeinen Anpassungsschwierigkeiten, in verzögertem Laufen- und Sprechenlernen, in intellektueller und geistiger Retardierung, in Apathie, Depression, im Marasmus und in einer höheren Sterblichkeitsquote sichtbar werden. Spitz und Wolf[34] führten ihre Untersuchungen in Waisenhäusern durch und zwar an Kindern, welche während des Krieges ohne die erforderliche seelische Zuwendung (ohne ein »mothering«) aufwuchsen. Eine Schwester hatte in einem solchen Heim viele Kinder zu versorgen. Es gab keine »Nestwärme«, keine gemütsansprechenden Kontaktaufnahmen und keine spezifische Mutter-Kindbeziehung, eben nur die notwendige routinemäßige Versorgung. Im Vergleich mit einer Kontrollgruppe gleichaltriger Kinder, welche in Familien aufwuchsen und von ihren Müttern betreut wurden, wiesen die Heimkinder eine auffallende Interesselosigkeit, zum Teil eine erschrekkende Passivität, Sprachrückstände, eine Intelligenzdezimierung, eine starke Anfälligkeit für Krankheiten und eine Unsicherheit und Unausgeglichenheit im Verhalten gegenüber den erwachsenen Personen auf. Eine derartige Deprivation im Kleinkindalter zwischen dem 6. Lebensmonat und dem Ende des 3. Lebensjahres zieht meist dauernde Folgeerscheinungen nach sich, in einer Weise, welche Bowlby[35] dahingehend kennzeichnet und betont, daß »die anhaltende Entbehrung mütterlicher Pflege seitens des Kleinkindes schwerwiegende und weitreichende Wirkungen auf dessen Charakter und damit auf das Ganze seines zukünftigen Lebens haben kann.« Dührssen[36] stellt ein deutliches Gefälle hinsichtlich des Grades der Schädigungen fest, und zwar sind die Beeinträchtigungen in den Heimen am stärksten, weniger gravierend in den Pflegefamilien und die gesunde Ursprungsfamilie bietet die günstigsten Bedingungen für die Entwicklung. In einer empirischen Untersuchung in unterschiedlich strukturierten Heimen wurde mit Hilfe des Bühler-Hetzer-Entwicklungstests bei über 1200 Kindern festgestellt, daß sich die Rückstände von Heimkindern besonders in den Funktionsbereichen des Lernens, des sozialen Verhaltens, der Sprache und der geistigen Eigenproduktivität registrieren lassen. Der durchschnittliche Entwicklungsstand in den oben angeführten Funktions- und Fähigkeitsbereichen betrug nur ungefähr 80% der zu erwartenden Altersleistung. Es trat damit bei den Heimkindern ein durchschnittlicher Rückstand von ungefähr 20% auf den erwähnten Gebieten in Erscheinung. Kinder, welche in kleinen Heimen untergebracht waren und in kleinen Gruppen betreut wurden, wiesen dabei den geringsten Entwicklungsrückstand auf.

Sämtliche Untersuchungen aus dem Bereich der Hospitalismusforschung bringen Beweise für die Bedeutung der sozialen Determinanten in der menschlichen Entwicklung. Mit den Ergebnissen seiner Längsschnittuntersuchungen führt Coerper[37] mit anderen Autoren aus, wie sehr die Entwicklung ein Sozialisierungsvorgang ist: 1814 Jungen und Mädchen der Geburtsjahrgänge 1945/46 wurden vom Zeitpunkt des Eintritts in die Schule bis zur Beendigung der Volksschulzeit, also bis zum 14./15. Lebensjahr psychologisch und medizinisch beobachtet. Die Basis der Persönlichkeitsbeurteilung bildete eine jährliche psychologische Untersuchung durch Exploration und Tests. Auf diese Weise wurden nicht allein einzelne Leistungssparten festgehalten, sondern es konnte jeweils ein Gesamtpersönlichkeitsbild erstellt werden. Darin wurden Aussagen gemacht über die Ausprägung des Antriebs, über die Stimmungslage, die Anregbarkeit, die Mitschwingungsfähigkeit, die Steuerungsfähigkeit, die Differenzierungsfähigkeit und über den Grad der Sicherheit. Eine Auswertung der gesamten Daten zeigte deutliche korrelative Zusammenhänge zwischen den einzelnen gefundenen Werten. Im ganzen fiel der Zusammenhang mit dem Faktor der »angepaßten Aktivität« als einer gemeinsamen Grundlage auf. Dabei wiesen 34,7%, also ungefähr 1/3 dieser

Schüler zwischen dem 7. und dem 15. Lebensjahr konstante Werte auf, während 65,3% wechselnde Werte zu verzeichnen hatten. Ein hoher Status in den verschiedenen Sparten, welche oben angeführt wurden, ging mit einem hohen sozial-ökonomischen Status parallel. Bei der Gruppe des hohen sozialen Milieus fanden sich im allgemeinen harmonische, altersgemäße körperliche Entwicklungen und schulische Leistungen, welche vornehmlich durch Erfolge im Unterricht gekennzeichnet werden können. Der Autor wertet dieses Faktum als einen Hinweis auf das Erfordernis der »Offenheit des subjektiven Lebensraumes« für die Persönlichkeitsentwicklung. Eine solche Offenheit ist bei einem mittleren und hohen sozialen Status am ehesten gewährleistet. Demgegenüber wird die psychologische Ausgangssituation bei niederem sozialen Status durch das Merkmal der »Verschlossenheit des subjektiven Lebensraumes« charakterisiert. Als wesentlicher Kernsatz dieser Untersuchungen springt heraus, daß Sozialisationswirkungen in der Entwicklung während der untersuchten Jahrgänge ständig vorhanden sind. Sie fordern jedoch den in der Entwicklung stehenden Menschen zu verschiedenen Zeiten seines Lebenslaufes in unterschiedlichem Maße und fördern damit die Entwicklung oder setzen Beschränkungen. Auf diese Weise kommt es zu einer unterschiedlichen Ausformung der verschiedenen Entwicklungsvarianten und zu Unterschieden in der Persönlichkeitsstruktur. Diese Unterschiede sprechen somit nicht gegen die Sozialisationswirkungen, sondern bringen den Beweis für deren Wichtigkeit.

Die Verlaufsformen der Pubertät wurden in der deutschen Psychologie zumeist als durch immanente Kräfte gesteuert betrachtet. Eine festgelegte Phasenordnung in der Reifungszeit (Flegelalter- negative Phase, Pubeszenz, Adoleszenz) erschien als ein Beweis für den gesetzmäßig vorbestimmten Verlauf und damit für die genetische Bestimmtheit. Weltweite Untersuchungen über das Pubertätsverhalten in differierenden Gruppen erbrachten demgegenüber den Nachweis, daß sowohl das Sexualverhalten als auch das sogenannte »typische« jugendliche Gebaren in den Autoritätskrisen und in der Sturm- und Drangzeit in starkem Maß von der Umwelt geformt wird und von der Erziehung und den herrschenden Gebräuchen abhängig ist. In den Entwicklungsvorgängen der Pubertät sind Lernprozesse im Spiel. Der Verlauf der menschlichen Pubertät wird wesentlich durch die sozialen Umwelteinwirkungen mitbestimmt. Die immer wieder zitierten Krisen in der Reifezeit werden durch die sozialen Gegebenheiten hervorgerufen und ausgeformt. Die Pubertät weist in unterscheidbaren sozialen Feldern ganz verschiedene Abläufe auf und ist dementsprechend mehr oder weniger konfliktreich[38]. Ebenso ist der Interessenwandel der Jugendlichen in der Reifezeit abhängig von der sozialen Umgebung. Und in gleicher Weise läßt sich aufzeigen, daß auch die Dauer der Jugendzeit durch die Gesellschaft bestimmt wird. Neidhardt[39] stellt dazu folgende 3 Hypothesen auf: »(1) Je komplizierter die Wirtschaftsweise einer Gesellschaft und je höher deshalb das Niveau ihrer Berufsweise, um so länger dauert die als notwendig erachtete Reifezeit ihres Nachwuchses und umso eher entsteht eine Jugendphase. – (2) Je einträglicher die Wirtschaftsweise einer Gesellschaft, je reicher sie also ist, desto eher kann sie sich erlauben, ihren Nachwuchs auch über den Zeitpunkt der Geschlechtsreife hinaus außerhalb von Vollberufen existieren zu lassen, als Jugendliche also. – (3) Sie neigt dazu umso mehr, je entschiedener sie sich selbst darauf verpflichtet, die Persönlichkeitsentfaltung der Jüngeren durch Einrichtung langdauernder »Schonräume« zu unterstützen (und sie tut das umso eher, je mehr ihre politische, wirtschaftliche und sonstige Verfassung entfalteter Persönlichkeiten als »Problemlösungsinstanzen« bedarf.«

Es sind, wie zu ersehen ist, auch in der Pubertät nicht die endogenen Reifungsmechanismen, welche die besonderen Verhaltensmerkmale der Jugend hervorrufen. Vielmehr läßt sich in den vielseitigen Erscheinungsbildern der Jugendlichen von der Ausformung der Werthaltungen bis zu den Reifungsverschiebungen in der Akzeleration die Umweltkomponente als wirksame Variable erkennen.

Nicht minder deutlich spricht das Sozialisationsgeschehen aus einer psychologischen Untersuchung, die einen anderen Lebensabschnitt zum Forschungsgegenstand hat. Sie wählte einen Bereich der Gerontologie aus[40]. Empirisch untersucht wurden die Verhaltensweisen von 3 verschiedenen Gruppen von früheren Arbeitern, welche im Ruhestand lebten und die vor der Zuruhesetzung in 3 unterschiedlichen sozial-ökonomischen Situationen standen. Die 3 Betriebe, in welchen sie als Arbeitnehmer tätig waren, werden in folgender Weise charakterisiert:

»Betrieb A: Das Entscheidende ist hier die Tatsache, daß das Werk seine Arbeitnehmer über die Kriegs- und Nachkriegszeit in großem Umfang halten konnte. Insofern waren die im Jahre 1966/67 als ›pensioniert‹ eingestuften 70–75jährigen Arbeiter dieses Betriebes an relativ stetige Arbeits- und Lebensbedingungen gewöhnt. Dieser Umstand wurde durch die Tatsache bekräftigt, daß ein großer Teil der Befragten seit 30–40 Jahren in Werkssiedlungen des gleichen Betriebes wohnte.

Betrieb B: Hier war das ganze Betriebsklima schon früher als anderswo durch eine Absatzkrise bestimmt. Der einschlägige Konzern hatte kurz vor unserer Untersuchung als Werksleiter einen seiner besten Rationalisierungsfachleute in den Betrieb geschickt. Dieser suchte die Produktion bei personellen Einsparungen möglichst schnell zu steigern.

Betrieb C: Dieser Betrieb hatte während des Krieges am stärksten unter Zerstörungen zu leiden. Nach dem Kriege wurde er besonders stark von der Demontage betroffen. Die Firma sah sich deshalb gezwungen, ihre Stammarbeiter zu entlassen. – So kommt es, daß die von uns in diesem Betrieb erfaßten Stahlarbeiter gleichsam zu einer Auswahlgruppe gehörten, die vom Betrieb über die fast ein Jahrzehnt anhaltende Zeit extremer wirtschaftlicher Belastung gehalten wurde. Sie entwickelten dem Betrieb gegenüber ein seltenes Maß an Identifikation und genereller Anteilnahme.«

Die früheren Arbeiter aus dem Betriebe A hatten als Rentner signifikant höhere Werte für die folgenden Variablen aufzuweisen:

1. Positive Einstellung zur Beendigung der Berufstätigkeit.
2. Zufriedenheit mit der gegenwärtigen Lebenssituation.
3. Subjektive Sicherheit innerhalb der augenblicklichen Situation.
4. Das Gefühl von anderen Menschen noch gebraucht zu werden.

Die früheren Angehörigen des Betriebes C kennzeichnete schon während der Zeit der Betriebszugehörigkeit ein großes Ausmaß des Planens für die Zeit nach der Zuruhesetzung. Auch im Alter von 70–75 Jahren ließ sich bei ihnen noch eine aktive Zukunftsplanung registrieren. Bei einer Skalierung wurden folgende Unterschiede in den Bereichen der sozialen Teilhabe festgestellt: Unterschiede in der sozialen Teilhabe von Rentnern aus drei verschiedenen Stahlbetrieben (1 = niedrig, 8 = hoch):

Tabelle 1

Betriebe A–C:	A	B	C
Kontakt mit früheren Kollegen:			
Häufigkeit und Dauer:	2.10	2.28	3.62
Anteilnahme:	1.85	2.08	2.82
Berufsrolle			
Aktivität:	0.00	0.00	0.01
Anteilnahme:	0.07	1.94	3.65
Familienbezogene Rollen:			
Aktivität:	6.06	5.34	4.98
Anteilnahme:	4.05	3.95	3.97

Unterschiede in der sozialen Teilhabe von Rentnern aus 3 verschiedenen Stahlbetrieben.

Aus: Thomae, H.: Psychische und soziale Aspekte des Alterns, Ztsch. für Gerontologie, Darmstadt, Heft 1/1968.

In der älteren Psychologie war die Altersforschung stark am Gesichtspunkte der biologischen Vorgänge orientiert. Der ganze Lebenslauf des Menschen wurde etwa mit dem Ablauf eines Dramas verglichen. Das Alter wurde schließlich als das Ende oder die abfallende Linie einer Entwicklung gesehen, welche zur naturgemäßen Restriktion der vorher expansiven Bemühungen zwingt. Zusammen mit anderen Untersuchungen von Terman, Owens und Jones schält sich aus den oben erwähnten Ergebnissen heraus, daß der sogenannte Altersabbau der geistigen Leistungen keineswegs allein vom Lebensaltersfaktor, d. h. vom biologischen Altern abhängt, sondern vom Bildungsgrad, vom ausgeübten Beruf, vom erreichten Intelligenzniveau und, last not least, vom sozialökonomischen Status. Eine frühzeitig einsetzende Beeinträchtigung der Leistungsfähigkeit, des psychischen Wohlbefindens, des subjektiven Gesundheitszustandes und der allgemeinen Aktivität wird deutlich durch die Einflüsse bestimmter Vorurteile von seiten der Gesellschaft gegenüber dem Alter beeinflußt. Von dieser Erkenntnis aus ergibt sich die Notwendigkeit, den Vorgang des Alterns nicht einseitig somatisch, sondern bedingt durch mehrere Komponenten innerhalb der sozialen Feldstellung und der Feldbedingungen zu sehen.

In diesem Zusammenhang darf erwähnt werden, daß im Jahre 1963 eine Gruppe von Wissenschaftlern eine Studie zu entwerfen begann, welche die Veränderungen im Engagement und im Disengagement von gesunden, in ihren Wohnungen (also nicht in Altersheimen) lebenden Lehrern und Stahlarbeitern im Alter von 70–75 Jahren erfassen soll. Zum Teil war es auch möglich, in Holland, den USA und der BRD noch im Beruf stehende Lehrer und Stahlarbeiter im Alter zwischen 50 und 55 Jahren mit den Pensionären zu vergleichen. Die Analyse der Werte ergab bisher keine generelle Tendenz der Zunahme des sozialen Disengagements mit höherem Alter. Es zeigten sich hinsichtlich des Grades der sozialen Teilhabe bei den älteren Menschen markantere Unterschiede zwischen den Menschen der verschiedenen Länder als zwischen den beiden Berufen des Stahlarbeiters und des Lehrers.

Bei einem Vergleich der Entwicklung unterschiedlicher Altersgruppen wird ersichtlich, daß nicht allein die Lebensjahre, sondern auch das Lebensschicksal und die soziale Umgebung von Bedeutung für die Verhaltensweisen der Menschen im hohen Alter sind.

Als Ergebnis dieser Beobachtungen und der empirischen Untersuchungen kann festgehalten werden, daß sich in der gesamten Entwicklung (einschließlich der Altersentwicklung) die soziale Determinante als gravierend ausweist.

5. Entwicklung als Enkulturation

Die Bedeutung der kulturellen Determinanten für die Entwicklung

Die scharfe Abtrennung einer sozialen und einer kulturellen Determinanten in der Entwicklung ist nur schwer möglich, denn sie sind meist untrennbar miteinander verflochten. Es bedeutet einen mehr oder minder theoretischen Ansatz, wenn neben der Sozialisation die Akkulturation erwähnt wird. Um die Wichtigkeit der kulturellen Einwirkung zu betonen, werden einige Aspekte besonders herausgestellt. Während sich das Tier eingebettet findet in die Natur und deren festgefügte Ordnung, hat sich der Mensch darüber hinaus eine eigene Umwelt geschaffen. Er kreierte eine zweite Welt, welche in der Sprache, der Schrift, im Spiel in der Literatur, der Kunst, der Wissenschaft, in Sitte und Recht, in der Religion, in

Moral und Ethik ihren Niederschlag gefunden hat. In einer solchen Bedeutung sieht Hellpach die Kultur als »Ordnung aller Lebensinhalte und Lebensformen einer Menschengemeinschaft«. Der Mensch greift in der Kultur über die bloße Lebensfürsorge und Lebensvorsorge hinaus und schafft überdauernde Kultursysteme. Der junge Mensch soll in seiner Entwicklung nicht allein in ein solches System hineinwachsen, in dem ihm die Kulturgüter tradiert werden, er soll vielmehr selbst zur Kulturverwirklichung geführt werden.

Die Sprache, das Spiel, die Sitten, die Moral, das Recht usw. umgeben den Menschen vom ersten Tage an. Sie sprechen aus dem gesamten Verhalten der erwachsenen Menschen, welche das Kind umgeben, sie sprechen aber auch aus all dem Gegenständlichen, welches die ersten »Objektbeziehungen« des Menschen bildet. Es sind eine Reihe täglicher Stimulantien, welche im kleinen und im großen hemmend oder fördernd modellieren und so den Entwicklungsverlauf und das Niveau neben oder zusammen mit den sozialen Faktoren bestimmen. Es ist die »Gesamtheit der Gewohnheiten und Einrichtungen, die sich auf Familie, staatliche Gestaltung, Wirtschaft, Arbeit, Sitte, Recht und Denkart beziehen«. Es gibt in jeder Kultur Individuen, welche sich leichter in die Kultur einpassen als andere. »Aber immer ist das Werden der Persönlichkeit eng verknüpft mit der Kultur, in der sie aufwächst. Die Interdependenz beider kann nicht eng genug gesehen werden«[41].

Eine herausgehobene Position im Vorgang der Akkuluration nimmt die Sprache ein. Schon bei der ersten Kontaktaufnahme der Mutter mit dem Kinde wird ihr Gebaren durch muttersprachliche Laute und Äußerungen unterbaut. Auch wenn das Kind deren Sinn noch nicht entnehmen kann, so wirken sie doch mit im insgesamt mütterlichen Verhaltens, gemäß den Worten Sapirs. »Die Sprache durchdringt völlig jede unmittelbare Erfahrung«[42]. Die Sprachentwicklung kann als einer der einleuchtendsten Beweise für die Bedeutung der kulturellen Umwelteinwirkungen dienen, denn es ist evident, daß das Kind bei einer Ausschaltung sämtlicher Milieu-Einflüsse keinesfalls durch Reifung zu einem differenzierten menschlichen Sprachgebrauch kommen würde.

Die schichtspezifischen kulturellen Einflüsse auf die Sprachentwicklung sind durch verschiedene Autoren in ihrer Bedeutung herausgestellt und in einer ersten Durchleuchtung präzisiert worden[43]. Es bedarf noch einer Reihe von Untersuchungen, wenn die Vorgänge im ganzen und im Detail durchsichtig werden sollen und bis die daraus für die Entwicklungstheorie resultierenden Konsequenzen in vollem Ausmaße gezogen werden können. Vor allen Dingen werden noch Abklärungen erforderlich sein, die darlegen, welche Kriterien in unserer heutigen Gesellschaft für die Unterscheidung der Schichtzugehörigkeit relevant sind.

Es wurde bereits darauf hingewiesen, daß im Vorgang der Mitteilung und der Informationsübergabe beim Encodieren einer Intention und beim Decodieren und der Interpretation einer Mitteilung Umsetzvorgänge ablaufen, welche offen sind für unterschiedlichen Sprachgebrauch und unterschiedlich entwickeltes Sprachniveau.

Irwin versuchte nachzuweisen, daß in der Lautentwicklung ab dem 16. Lebensmonat aus der Zahl der erzeugten Phoneme die Schichtunterschiede bereits erkennbar sind und sich ab dem 18. Monat in der Zahl der unterscheidbaren Phoneme abzeichnen. Im Durchschnitt erreichen die Kinder der Unterschicht erst ein Jahr nach den Kindern der Mittel- und Oberschicht den für die Erwachsenensprache erforderlichen Phonem-Gebrauch[44].

Es ist seit langem bekannt, daß der Umfang des Wortschatzes bei Kindern aus kulturell niederem Milieu vom Wortschatz der Kinder aus gepflegtem Milieu abweicht. Aus dem Jahre 1929 stammt die folgende Tabelle:

Tabelle 2

Alter:	1,0	1,3	1,6	1,9	2,0	2,6
G	7	49	91	121	216	–
U	–	1	4	8	27	92

G = gepflegtes Milieu; U = ungepflegtes Milieu[45]

Umfang des Wortschatzes bei Kindern aus gepflegten und ungepflegtem Milieu.
Aus: Hetzer, H.: Kindheit und Armut, in: Psychologie der Fürsorge, hrsg. von Bien, G., Bühler, Ch., Hetzer, H., 1. Bd. Leipzig 1929.

Mc Carthy[46] hat aufgrund einer Wortschatzuntersuchung die Beziehungen zwischen der sprachlichen Entwicklung von Kindern und dem Beruf des Vaters herausgearbeitet. Er fand dabei einige Unterschiede im Sprachgebrauch, welche in Korrelation zur jeweiligen beruflichen Position des Vaters stehen. Gemessen an den Satzlängen (Wortzahl pro Satz) wurden folgende Abstufungen ersichtlich:

Akademikerkinder stehen in den obersten Rangposition. Es folgen die Kinder von Geschäftsleuten, von Antestellten und Handwerkern, hernach die Arbeiterkinder. Die Kinder von Gelegenheitsarbeitern und Taglöhnern rangieren auf der untersten Stufe.

Wortschatz und Satzlängen geben noch kein absolutes Maß für das Sprachniveau ab. Die Sprache ist ein Bi-Klassen-System, das aus den lexikalischen Elementen einerseits und der Syntax andererseits gebildet ist. Dabei ermöglichen die semantische und grammatikalische Struktur einen tiefergehenden Einblick in das sprachliche Niveau als der lexikalische Bestand. Werden die Nebensätze nach der Differenziertheit ihres Aufbaus beurteilt, so kann ein Subordinationsindex als Quotient aus der Anzahl der abhängigen Nebensätze und der Zahl der finiten Verben errechnet werden, der für die Unterscheidung der Sprache der Unterschicht und der Mittelschicht signifikante Ergebnisse liefert. Der Gebrauch von Relativ- und Adverbialsätzen erweist sich in dem bisherigen Untersuchungsmaterial ebenfalls als kennzeichnend für den unterschiedlichen Sprachgebrauch der Schichten. Ebenso können verschiedene Abstraktionsebenen in der Sprachverwendung auf schichtspezifische Unterschiede hinweisen.

Sowohl die Entwicklung der lexikalischen und der syntaktischen Funktion der Sprache als auch die Fähigkeit sich in höher gelegenen Abstraktionsebenen auszudrücken ist von der kulturellen Umwelt abhängig. Das Erlernen einer Sprache impliziert Einbettung in die Kultur, bedeutet Enkulturation.

Selbst die Wahrnehmungsstrukturen sind in ihrer Entwicklung nicht frei von kulturellen Einflüssen. Fraisse[47] weist dies in Versuchen mit der Horizontal-Vertikal-Täuschung im optischen Bereich nach. Bei der Beurteilung der Balkenlänge eines umgekehrten T mit gleich großer Ausdehnung der Horizontalen und der Vertikalen erfolgt üblicherweise eine

Überschätzung der Vertikalen. Der Grad der Überschätzung reduziert sich mit zunehmendem Entwicklungsalter. Erhebt man bei Erwachsenen-Gruppen das noch vorhandene Ausmaß der Täuschung, so ist dieses am größten bei den Erwachsenen mit Volksschulbildung, dann folgen in der Reihe die Literaturstudenten und die Schüler einer höheren gewerblichen Lehranstalt. Am geringsten ist der Täuschungsfehler bei den Naturwissenschaftlern. Der Umgang mit naturwissenschaftlichen Experimenten und technischen Daten führt zu einem realen Stil der Aufnahme im optischen Bereich. Die kulturellen Gegebenheiten, in welche das Individuum hineinwächst, haben einen organisierenden Einfluß auf die Entwicklung von Wahrnehmungsstrukturen.

Auch bei der Entwicklung von Einzelfunktionen, deren Ausformung lange Zeit als endogen gesteuert betrachtet wurden, kann die kulturelle Einflußnahme nachgewiesen werden. Die Fähigkeit, die Schule zu besuchen, wurde über Jahrzehnte hinweg als eine Frage des Ausgereiftseins für die Schule betrachtet und die Prüfungen der Schulreife erfolgten auf der Grundlage dieses Prinzips. Der Kernsche Grundleistungstest[48] beruht auf der Annahme, daß die Gliederungsfähigkeit sich nach immanenten Gesetzen entwickelt und damit ein Kriterium für die Schulreife-Untersuchung darstellt. Die Gliederungsfähigkeit wird im Kern'schen Grundleistungstest im wesentlichen über die Schreib- und Zeichenmotorik geprüft, indem vom Kind verlangt wird, ein Briefchen zu kritzeln, ein Sätzchen von der Tafel abzumalen, ein Kind bildhaft zu gestalten und eine Mengengestalt nachzuzeichnen. Nickel[49] konnte nachweisen, daß bei einer Prüfung der visuellen Wahrnehmungsfähigkeit unter Ausschaltung der Motorik die Gliederungsfähigkeit schon im Kindergartenalter registriert werden kann. Eine Reutlinger Untersuchung zeigte dies ebenfalls, wie aus den beigefügten Tabellen (s. S. 68) deutlich entnommen werden kann.

Unsere Fragestellung griff jedoch weiter aus. Wenn die Gliederungsfähigkeit beim Kinde schon ab dem 4. Lebensjahr entwickelt sein kann, so müßte sie sich in der Prüfung über die Motorik nachweisen lassen, wenn ein Training im motorischen Bereich stattfindet. Durch Studierende der Päd. Hochschule Reutlingen, welche zu einem Auslandsaufenthalt nach Frankreich gingen, wurde bei 5-Jährigen in der école maternelle

Tabelle 3 Kern'scher Grundleistungstest | *Tabelle 4* Visuelle Gliederungsfähigkeit

Alter	4,0–4,11	5,0–5,11	6,0–6,11	4,0–4,11	5,0–5,11	6,0–6,11
klar gegl.	1	1	42	42	47	87
teil gegl.	6	22	39	8	2	0
ungegl.	52	26	6	4	0	0
N =	59	49	87	54	49	87

Reutlinger Untersuchung zur Entwicklung der Gliederungsfähigkeit[50]

Aus: Stumpp, R.: Schulreifeuntersuchungen bei Kindern im Vorschulalter. Unveröffentlichte Zulassungsarbeit unter Bäumler, Fr., PH Reutlingen 1968.

der Kern'sche Grundleistungstest durchgeführt. Dort wird bereits vor dem 6. Lebensjahr mit dem Schreiben begonnen, d. h. die Schreibmotorik wird trainiert. Die Ergebnisse sind in der folgenden Tabelle festgehalten:

Tabelle 5

Alter: 5,0–5,11

	Schrift	Mengengestalt	Zeichnung
klar gegliedert	20	22	2
teilgegliedert	10	6	22
ungegliedert	0	2	6
N =	30	30	30

Untersuchungen zur Gliederungsfähigkeit (Kern'scher Grundleistungstest) in einer école maternelle[51]

Aus: Götz, E.: Die École Maternelle. Unveröffentlichte Zulassungsarbeit unter Bäumler, Fr., PH Reutlingen 1969.

Aus dieser Untersuchung ist zu entnehmen, daß die Gliederungsfähigkeit bei Kindern im Alter von 5,0–5,11 Jahren bei einer Prüfung über die schreibmotorische Darstellung sich zum großen Teil in einer klaren Durchgliederung oder einer Teildurchgliederung in Schrift und Mengengestalt ausweist. In der Zeichnung finden sich bei 80% eine teildurchgegliederte oder volldurchgegliederte Gestalt. 20% der bildhaften Darstellungen sind noch ungegliedert. Es darf angenommen werden, daß auch in der Zeichnung die Gliederungsfähigkeit deutlicher hervortreten würde, wenn eine Pflege des bildhaften Ausdrucks erfolgen würde.

Vergleichbare Untersuchungen wurden in zwei englischen infant schools durchgeführt und zwar in der »West End School« in Harrogate / Yorkshire, einer Stadt mit ungefähr 65 000 Einwohnern im Norden Englands und in der »William Gray Infant School« in Woodley Reading in der Nähe von London[52].

Im Schulsystem Großbritanniens bringt die nursery school eine freiwillige Vorschulerziehung vor der Schulpflicht, die mit 5 Jahren in der infant school beginnt. Mit sieben Jahren werden die Schüler in die junior school des Primarbereichs überführt. In der nursery school findet bereits Lese- und Rechenunterricht statt. So kann sich in der infant school die Situation ergeben, daß sowohl Schüler mit als auch solche ohne Vorschulerziehung in die Klassen aufgenommen werden. Damit läßt sich untersuchen ob die Vorschularbeit in der nursery school Auswirkungen auf den Stand der Gliederungsfähigkeit hat. Die Durchführung des Kern'schen Grundleistungs-Tests erfolgte bei zwei Gruppen am Anfang des ersten Schuljahres. Gruppe A enthält Schüler mit Vorschulerziehung und einem Durchschnittsalter von 5,1 Jahren, Gruppe B solche ohne Vorschulerziehung und einem Durchschnittsalter von 5,3 Jahren.

Tabelle 6

	Schrift	Mengengestalt	Zeichnung
klar gegliedert	20	15	1
teilgegliedert	0	3	13
ungegliedert	0	2	6
N =	20	20	20

Untersuchungen mit dem Kern/schen Grundleistungstest bei Schülern der infant school (Harrogate/Yorkshire und Woodley Reading): Durchschnittsalter 5,1 Jahre – vorheriger Besuch der nursery school.

Aus: Veihelmann, G.: Untersuchungen zur Gliederungsfähigkeit in einer nursery school. Unveröffentlichte Zulassungsarbeit unter Bäumler, Fr., PH Reutlingen 1972.

Tabelle 7

	Schrift	Mengengestalt	Zeichnung
klargegliedert	4	4	1
teilgegliedert	5	3	7
ungegliedert	7	9	8
N =	16	16	16

Untersuchungen mit dem Kern'schen Grundleistungstest bei Schülern der infant school (Harrogate/Yorkshire und Woodley Reading): Durchschnittsalter 5,3 Jahre – ohne vorherigen Besuch der nursery school.

Aus: Veihelmann, G.: Untersuchungen zur Gliederungsfähigkeit in einer nursery school. Unveröfentlichte Zulassungsarbeit unter Bäumler, Fr., PH Reutlingen 1972.

Ein Vergleich der beiden Tabellen zeigt signifikant, daß diejenigen Schüler, welche eine nursery school besuchten und dort mit dem Lesen und dem Rechnen konfrontiert wurden, in Schrift und Mengengestalt eine bessere Gliederungsfähigkeit aufweisen, als diejenigen Schulanfänger, welche in keiner Einrichtung der Vorschulerziehung waren.

Aus Untersuchungen mit so kleiner Population wird kein Anspruch auf absolute Gültigkeit der Ergebnisse abgeleitet. Die Resultate in der école maternelle und in der infant school können jedoch die These stützen, daß die Gliederungsfähigkeit trainierbar ist. Anlage, Reifung, Umwelt- und Erziehungsbedingungen greifen bei der Entwicklung der Gliederungsfähigkeit ineinander im Sinne eines Interaktionsprozesses[53, 54].

Bei der Betonung der Trainierbarkeit solcher Funktionen muß jedoch festgehalten werden, daß die psychologische Forschung bisher keine Ergebnisse eruiert hat, welche den Determinationsspielraum für mögliche Verschiebungen exakt abstecken und das Wirkungsgefüge so aufschlüsseln können, daß ein klarer Einblick in den Grad der Bewirkung der einzelnen Determinanten gesichert wäre.

Nicht minder deutlich rücken die Ergebnisse allgemeiner Intelligenzprüfungen die Bedeutung der kulturellen Umwelt ins Blickfeld. Im ersten Weltkrieg wurden in den USA alle Soldaten auf ihre Intelligenz untersucht. Dazu wurde der Army Alpha Test verwendet. Im zweiten Weltkrieg war es nicht mehr möglich, alle Soldaten psychologisch auf ihr Intelligenzniveau zu testen, da weit mehr Soldaten eingezogen waren als im

1. Weltkrieg. Aus diesem Grunde wurde eine repräsentative Auswahl von Soldaten ausgesucht und das Intelligenzniveau festgestellt. Als Test wurde bei der zweiten Untersuchung der revidierte Army Alpha Test verwendet; zur Kontrolle wurde zusätzlich der Army General Classification Test angewandt. Die Auswertung der Ergebnisse zeigte einen beinahe unwahrscheinlichen Anstieg des Intelligenzniveaus im Vergleich der Testergebnisse aus dem ersten mit denjenigen aus dem zweiten Weltkrieg. Der Median lag in der 1. Untersuchung bei 62 und bei der 2. Intelligenzmessung bei 104. Im zweiten Weltkrieg erreichten dabei 50% der ausgewählten amerikanischen Soldaten 104 und mehr IQ-Punkte, im 1. Weltkrieg nur 17%. Die kulturellen Umweltfaktoren hatten sich gravierend verändert. Die Schulzeit war um durchschnittlich 2 Jahre verlängert worden. Das gesamte Schulwesen war differenzierter gestaltet, so daß viele Soldaten des 2. Weltkrieges eine High-school besucht hatten. Erwähnt werden muß natürlich auch, daß die amerikanische Bevölkerung durch eine Fülle von überall vorgenommenen Testuntersuchungen testgewohnter geworden war und infolgedessen bessere Reaktionen aufwies[55]. Die eminente Bedeutung der kulturellen Determinanten für die Intelligenz ließ sich nicht nur über große Zeiträume hinweg nachweisen. Wie schon aufgezeigt wurde, trat sie auch bei der Untersuchung von eineiigen Zwillingen auf.

Anastasi[56] stellte einen eindeutig signifikanten Korrelationszusammenhang zwischen der Länge des Schulbesuchs und dem Intelligenzniveau fest. Im allgemeinen wird die Differenz, welche durch ein reiches und ein schwaches Umweltangebot zustande kommt mit 30 IQ-Punkten angegeben. Heinrich Roth greift weiter aus und gibt den immensen Unterschied von 50 IQ-Punkten an, der dann auftreten würde, wenn erbgleiche Zwillinge ganz früh getrennt würden und der eine in einer der Erziehung feindlichen Slum-Umwelt aufwächst, während der andere sich in einem hervorragend-anregenden kulturellen Milieu entwickelt. Die Korrelation zwischen Intelligenzentwicklung und Umwelteinwirkung ist inzwischen in einer ganzen Reihe von Untersuchungen registriert worden. Es zeigt sich, daß der Spielraum für die Beeinflußbarkeit in den frühen Jahren am größten ist.

In der amerikanischen Oak-Schule[57] wurden alle Schüler mit einem

Intelligenztest untersucht. Die Psychologen wählten aus ihnen nach dem Zufallsprinzip unabhängig von den Testergebnissen eine größere Anzahl (20% aller untersuchten Schüler) aus, welche sie den Lehrern gegenüber als diejenigen benannten, welche in der nahen Zukunft einen beachtlichen Sprung in ihrer Intelligenzentwicklung (Schnellentwicklung) machen würden. Die Voraussage realisierte sich und ließ sich experimentell nach einem Jahr in der IQ-Veränderung nachweisen. – Die Einstellung des Lehrers kann als intervenierende Variable in die Intelligenzentwicklung eingreifen. Wenn auch die Untersuchungsmethoden in diesem Experiment angreifbar sind[58], so darf doch festgehalten werden: Es kommt bei der Entwicklung des Intelligenzniveaus auf das Verhalten der Umwelt, auf die Einstellung der Umgebung an.

An dieser Stelle könnte der Einwand gemacht werden, daß nach der These von Bloom[59] ungefähr 20% des Intelligenzniveaus eines Menschen bereits im Alter von einem Jahr entwickelt sind (bezogen auf die Intelligenz im Alter von 17 Jahren), 50% im Alter von 4 Jahren, 80% im Alter von 8 Jahren und 92% im Alter von 13 Jahren. Wie kann die Schule dann überhaupt noch in großem Ausmaß auf die Intelligenz einwirken, wenn mit 8 Jahren schon 80% der Intelligenzhöhe erworben sind? Dietrich[60] setzt sich mit diesem Problem auseinander und weist auf den einseitig quantitativen Aspekt der Bloom'schen Argumentation hin. Das Denken in konkreten und in formal-abstrakten Operationen formt sich wesentlich während der Schulzeit aus. Auch im Bereich der Begriffsbildung der Beziehungserfassung, im Erkennen von Wesentlichem und Unwesentlichem und in der Generalisierung zeigen sich Möglichkeiten zu qualitativem Ausbau und zu Modifikationsprozessen beim Aufbau der kognitiven Struktur. Es bleibt der Schule noch ein breites und sich lohnendes Ansatzfeld in der Intelligenzentwicklung.

Und die Begabung? Unter Begabung verstehen wir nicht die intelligente Anfangsleistung neuen Aufgaben und Forderungen gegenüber, sondern die Hinordnung auf ein bestimmtes Betätigungsfeld. Begabung ist wiederum keine feste Mitgift. Sie wird in Lernvorgängen entwickelt, Begabung bedeutet Organwerden in einer Sache, in einem Feld. Begabung ist also kulturelle Ausrichtung[61]. Im weitesten Sinne gefaßt ist aus dieser Sicht Begabung als die Fähigkeit zu lernen, zu definieren. Und die geistige Entwicklung kann als die Summe aller Veränderungen verstanden werden, welche das Verhalten und Erleben des Menschen erweitern[62].

Zu jeder Art von Begabung gehört also eine ganz besondere Art und Weise der Begegnung mit einem eigengearteten kulturellen Ausschnitt der Welt[63]. Der junge Mensch in der Entwicklung wird von dem einen oder anderen Gebiete angesprochen, der Zugang eröffnet sich ihm und er aktiviert seine Antriebe und lenkt sie auf das Eindringen in diesem Gebiet. Er eignet sich Fähigkeiten an und formt sie zu Fertigkeiten aus, immer in Korrespondenz mit dem Umwelt-Angebot. Aber der Vorgang des Begabens führt weiter. Er führt nicht allein dahin, daß Leistungen vollbracht werden, sondern der Prozeß des Begabens kann weiter greifen, so daß es nicht nur mehr darum geht, mit Aufgaben fertig zu werden, Leistungen zu vollbringen, gute Noten zu erhalten, sondern der Vorgang des Begabens kann dahin führen, daß die Befriedigung im Tun selbst gefunden wird. Die Tätigkeit hat ihr Ziel in sich selbst. So gesehen stellt die Begabung eine Leistungsbereitschaft dar, welche in der Hinordnung auf ein kulturelles Feld strukturiert wird und nun ihrerseits wieder auf die Entwicklung der Antriebe, der Interessen und der Motivation zurückgreift, so daß eine Sinnverleihung und eine Ausdeutung verwirklicht werden kann, ja, daß der Mensch zur Eigenproduktivität in diesem Felde kommt.

Hier können wir Roth[64] zu Wort kommen lassen, der eine Beschreibung der Begabung gibt, die zu einem praktischen Verständnis führen kann:

Er weist auf ein frühes Angesprochenwerden, auf ein bestimmtes Material, eine bestimmte Aufgabe, eine bestimmte Sache und die Entwicklung einer besonderen Neigung hin.

Dann zeigt sich im Fortgang der Begabungsentwicklung eine lustbetonte Leichtigkeit, sich diejenigen Leistungen anzueignen, die zur Bemeisterung dieses Materials, dieser Sache, der Aufgabe dienen. Es ergibt sich daraus resultierend ein intimes Heimischwerden und ein Werterleben im Bereich des Materials, der Sache, der Aufgabe, die zu einem gesteigerten Bedürfnis nach vermehrten und erhöhten Erlebnissen auf diesem Gebiet führen und eine freiwillige Beschäftigung mit Opfer an Zeit und Kraft in diesem Gebiet mit sich bringt.

Daraus resultiert eine produktive Unzufriedenheit mit den erreichten Leistungsstufen, welche die Anstrengungsbereitschaft erhöht, die Schwierigkeiten immer wieder erneut angehen läßt, bis sie schließlich überwunden werden.

So kommt es zu einem wachsenden Selbstvertrauen, das zu einem immer freieren Verfügen und inneren Überlegensein über die Arbeitsweisen, die Erkenntnisse und die Ausdrucksmittel drängt und das Anspruchsniveau hebt. Und schließlich stellt sich eine schöpferische Produktivität ein, die sich zur originalen Erkenntnis und Gestaltungskraft steigern kann.

Auch hier dürfen wir Einseitigkeiten zurückweisen, welche die Begabung als voll genetisch vorprogrammiert sehen wollen. Vielmehr erscheint eine mehrdimensionale Sicht angebracht, welche gemäß der Interaktionshypothese ein »beständiges Aufeinanderwirken von Umwelt und Organismus«[65] postuliert. Unter einer solchen Perspektive zeigt sich, daß die Gestaltung der derzeitigen kulturellen Umwelt nicht so ist, daß durchweg die günstigsten Bedingungen für die Vorgänge des Begabens geschaffen sind.

Und noch ein weiterer Forschungsbereich kann dazu dienen zu erkennen, welche Bedeutung den kulturellen Umwelteinflüssen in der Entwicklung zuzuschreiben ist. Die schöpferischen Fähigkeiten eines Menschen wurden und werden zum Teil noch heute als eine besondere Gnadengabe oder als in der Hauptsache durch den Erbgang vorbestimmt, verstanden. Bei einer solchen Grundkonzeption wäre Kreativität ein schicksalbestimmtes Geschenk oder genetisch mitgegeben.

Torrance[66] und seine Mitarbeiter fanden Beweise für die »Macht der kulturellen Einflüsse bei der Pflege kreativer Entwicklung und Tätigkeit.« In vergleichend-kulturellen Untersuchungen konnten sie nachweisen, daß in den USA die Mädchen in den verbalen Tests die Jungen übertrafen; in Indien dagegen wiesen die Jungen bessere verbale Leistungen auf als die Mädchen. Kinder in Westsamoa und Negerkinder in Georgia schnitten in figuralen Tests besser ab als Kinder in Indien. Umgekehrt erreichten die Kinder in Indien im Durchschnitt in verbalen Tests eine höhere Punktzahl als die Kinder in West-Samoa und die Negerkinder in Georgia. Aus seinen, über die Kontinente greifenden Untersuchungen stellte Torrance fest, daß die unterschiedlichen Verlaufsformen und Entwicklungskurven kreativer Funktionen aus den von einander abweichenden Einflüssen der Umweltkulturen »logisch« erklärt werden können. Die blockierenden und die fördernden Faktoren für die Kreativitätsentwicklung sind inzwischen mehrfach erfaßt, und die Psychologie kann Hinweise geben. Aus den gesamten neueren Forschungsansätzen resultiert die Tatsache, daß schöpferisches Denken und schöpferisches Gestalten Grundfähigkeiten des Menschen sind. Sie können in den einzelnen Disziplinen durch die Umwelt geweckt und gefördert werden. Tumin[67] stellt fest, daß die heutigen Schulen häufig kreativitätsfeindlich sind, weil sie so oft zu einem Eindämmen des Frage- und Forschungsverhaltens führen. Ein intensiveres Befassen mit den Problemen der Kreativität, eine positive Einstellung zu ihrer Pflege und eine Haltung, welche kreative Leistungen hervorhebt und sie würdigt, ist von weittragender Bedeutung für jegliche Erziehung. Denn die kreativen Fähigkeiten sind durch das Milieu ruf- und ausformbar. Diese Forschungsergebnisse weisen wiederum, »auf die Dynamik im Entwicklungsgeschehen«[68] hin.

6. Entwicklung als aktive Gestaltung

Diese Determinante der menschlichen Entwicklung ist bisher in wissenschaftlichen Werken wenig bearbeitet und in einer direkten Fragestellung kaum empirisch untersucht.

Gehen wir zunächst noch einmal zur Ausgangsbasis zurück. Die tierische Lebensform wird im gesamten als instinktgebunden und in der Beurteilung der Weltbeziehung als instinktgesichert bezeichnet. Die menschliche Lebensform wird in der Abhebung davon als instinktarm, dafür aber »weltfrei oder weltoffen« gesehen[69]. Die kennzeichnenden Merkmale menschlichen Seins werden nicht als angeboren mitgebracht. Sie unterliegen der Entwicklung: Der aufrechte Gang, die menschliche Sprache, die Soziabilität und das einsichtige Handeln. Als Ausgleich für unser ungesichertes Dasein und für die Aufhebung der sicheren Enge der Instinkte dient eine lange Lehr- und Lernzeit. Die erwähnte Möglichkeit der Welt- und Verfügungsfreiheit fordert zur Schaffung einer eigenen menschlichen Umwelt auf. Das kann nur geschehen über die Aktivität. Wie aber kommt sie zustande?

Zu einer Erklärung des Aktivwerdens des Menschen allgemein kann versucht werden, die verschiedenen Theorien des menschlichen Antriebs zum Ausgangspunkt einer Diskussionsgrundlage zu machen.

Monothematische Triebtheorien

Das Aktivwerden des Menschen kann aus dem Bestreben heraus erklärt werden, Schmerz zu vermeiden. Der Organismus reagiert auf unangenehme Reize mit einer Aktivität, welche diese unangenehmen Reize zu beseitigen versucht. Hunger und Durst würden demnach unangenehme Empfindungen im Magen und in der Kehle hervorrufen. Um diese abzustellen, tritt der Mensch aus dem Zustand der Passivität heraus. Als Beispiel könnten hierzu die Lernversuche bei Tieren angeführt werden, in denen durch die eine Hälfte eines Gitterbodens in einem Käfig ein elektrischer Stromstoß geleitet wird, der den Tieren einen leichten Schlag versetzt. Sie springen über einen Zaun hinweg in die andere Hälfte des Käfigs. In ähnlicher Weise würden auch alle Formen der Selbstverteidigung zur Aktivität führen.

Wir brauchen diese Theorie nicht bis ins Detail auszuführen. Mit Hilfe der Grundthese von der Schmerzvermeidung und von der Selbstverteidigung ist es nicht möglich, zu erklären, wie der Mensch zur Erforschung seiner Umwelt kommt, noch weniger, wie er bei seiner Personwerdung zur aktiven Mitgestaltung gelangt. Ein großer Teil der Entdeckungen erfolgte unter Entbehrungen, Entsagungen und großen Anstrengungen. Wenn die Menschen lediglich darauf bedacht wären, unangenehme Empfindungen zu vermeiden, so trüge die menschliche Umwelt ein wesentlich ärmeres Gesicht als sie dies heute tut.

Sigmund Freuds psycho-analytische Theorie darf ebenfalls zu den monothematischen gerechnet werden. Er hat versucht, das gesamte menschliche Verhalten auf den Sexualtrieb zurückzuführen. (Später allerdings wurde seine Konzeption duothematisch, indem der Destruktionstrieb noch hinzugestellt wurde). Freud setzt als Gegebenheit die Libido. Sie ist die Energiequelle, welche den Menschen von der frühen Kindheit an zur Aktivität führt. Die Libido stellt nach Freud die Ursache seines Kulturverhaltens dar. Durch die Zensur wird er an einem freien Ausleben gehindert. So kommt es zur Sublimation und damit zur Verwendung der psychischen Energie für differenzierte, kulturelle und soziale Leistungen. Die Sexualität und in ihr die aggressive Komponente ist der Motor, der »die Kultur in ihrem Aufwand nötigt«[70]. Monothematisch ist auch das Prinzip, welches Alfred Adler[71] in seiner Lehre von der Organminderwertigkeit ausbreitet. Organische und psychische Mängel rufen ein Gefühl der Minderwertigkeit hervor. Dieses führt zur Kompensation oder Überkompensation und zur Ausbildung einer Lebensleitlinie, aus der die Aktivitäten resultieren. Eine Darlegung kulturellen und sozialen Aktivwerdens und auch eine Verbindung zur aktiven Selbstgestaltung kann in einem solchen Ansatz eingebaut werden. Diese beiden tiefenpsychologischen Theorien versuchen, die gesamten Verhaltensweisen des Menschen, sein Motiviertsein, seine kulturellen Leistungen, sein Gemeinschaftsverhalten und die Selbstformung des Individuums aus einem einzigen Trieb (der Libido) oder aus einem einzigen Prinzip, nämlich aus der Kompensation von Minderwertigkeitsgefühlen heraus zu erklären.

Die polythematischen Theorien

Da eine Explikation der menschlichen Aktivität allein aus einem Trieb heraus keine in jeder Hinsicht voll befriedigende Antwort auf die Frage nach dem gesamten menschlichen Verhalten, seinem Streben und Schaffen geben kann, wurde von verschiedenen Autoren eine mehr oder minder große Serie angeborener Triebkräfte zusammengestellt. Darunter befindet sich sowohl der Nahrungstrieb, der Geschlechtstrieb, der Gesellungstrieb als auch eine Triebkraft des Besitzenwollens, der Neugier und eine Triebkraft des Schaffensdranges. Schon diese herausgegriffenen Beispiele weisen auf, daß es nicht möglich ist, sämtliche Bedürfnisse und Aktivitäten des Menschen, je auf einen dahinter stehenden Trieb zurückzuführen und dabei auf einer Ebene zu bleiben. Können etwa unsere gesamten sozialen Verhaltensweisen aus einem Gesellungstrieb erklärt werden? Gibt es aus der Triebkraft des Schaffensdranges eine volle Erklärung für die menschlichen Kulturen? Und auf welchen Trieb soll die aktive Gestaltung des Menschen in der Entwicklung zurückgeführt werden?

Es ist in unserem Zusammenhang nicht von Bedeutung, sich bis ins Detail mit diesen Theorien auseinanderzusetzen. Wir dürfen festhalten, daß es angeborene Triebe gibt, welche unmittelbar im Dienste der Lebens- und Arterhaltung des Menschen stehen. Darüber hinaus läßt sich eine Gruppe von Verhaltensgrundlagen aufschlüsseln, welche zu Aktivitäten führen, die wir jedoch nicht unmittelbar zu den biologischen Triebausstattungen rechnen können. So ist etwa ein bestimmtes Maß an Geltungsstreben jedem gesunden Menschen eigen, und ein Verlangen nach der Befriedigung von Interessen einfachster Art finden wir ebenfalls bei jedem menschlichen Individuum.

Wenn wir versuchen, eine Bedürfnispyramide aufzubauen, so können wir diese zweite Gruppe der Bedürfnisse über den Lebenstrieben anordnen. Nicht unangefochten werden darüber von manchen Autoren die höheren Strebungen eingeordnet, etwa die Strebung der verpflichtenden Teilhabe, der liebenden Teilhabe und der enthebenden Teilhabe (Lersch)[70]. Die Spitze in einer solchen Tektonik nimmt jedoch unzweifelhaft das Bestreben der Person nach aktiver Selbstgestaltung ein. Das Anliegen einer Selbstverwirklichung kann nicht aus einem biologischen Trieb allein erklärt werden. Hierbei werden darüber hinausgehende Antriebskräfte mobilisiert und eine andere Aktivwerdung gefordert.

Gleichgültig, ob wir dazu neigen, die menschlichen Antriebe monothematisch zu sehen oder ob die Tendenz allein dahin geht, einer multiplen Aufzählung den Vorrang zu geben, so wird heute keine dieser Explikationen bei einer Aufzählung der Antriebe stehen bleiben können. In jedem Falle wird die Frage nach der Motivation bei der Erforschung der Aktivitäten eine Schlüsselposition einnehmen, denn die Frage des Anstoßes, des Ingangbringens menschlichen Aktivwerdens, die Frage nach den »steuernden Impulsen«[73] ist von Bedeutung.

Um dies auszuführen sei die Untersuchung Maslows[74] zu diesem Fragefeld herangezogen. Er sieht 5 grundlegende Bedürfnisse:

1. Physiologische Bedürfnisse, z. B. Hunger und Durst,
2. Sicherheitsbedürfnisse, z. B. Ordnung, Stabilität,
3. Zugehörens- und Liebesbedürfnisse, z. B. Zuneigung, Identifikation,
4. Wertschätzungsbedürfnisse, z. B. Prestige, Erfolg, Selbstrespekt,
5. Bedürfnisse nach Selbstgestaltung oder »Selbstaktualisierung«.

Diese Bedürfnisse werden in einem Entwicklungsgange betrachtet, der kein Bild »scharfer diskontinuierlicher Stufen« darstellt. Es besteht ein bedeutsamer Zusammenhang in diesem Ablauf, in dem die Abfolge als geregelt bezeichnet werden kann. Am wichtigsten ist dabei, daß ein »niederes« Bedürfnis zuerst angemessen befriedigt sein muß, bevor das nächst höhere Bedürfnis in der Entwicklung der Person voll emporkommen kann.« Die Ausbildung des Gefühls der Sicherheit setzt ein gewisses Maß der Saturierung im biologisch-physiologischen Bereich voraus. Ein bestimmter Grad der Sicherheit bedeutet die Voraussetzung für eine Entwicklung echter Liebesbeziehung, und diese bildet wieder die Grundlage für ein Leistungsstreben und eine Wertverwirklichung. Die Selbstaktualisierung wird erst möglich, wenn die anderen Bedürfnisse in ihrer Ausformung so weit gediehen sind, daß sie eine tragfähige Ausgangsbasis dafür bilden. Nehmen wir diese Darstellung als den Hinter- und Bestimmungsgrund und fragen nach der Motivation als dem auslösenden und steuernden Faktor in diesem Bedürfnismodell.

Die Motivation, welche in diesen 5 Sparten zur Aktivierung führt, läßt sich nicht durchgängig mit dem Prinzip der Homöostase erklären. Aus der Annahme einer Tendenz zur Schaffung eines konstanten inneren Spiegels im Organismus wie bei der Atmung, läßt sich kein einleuchtender Zugang zu den Motiven der Selbstgestaltung herstellen.

In einer anderen Theorie hebt Heckhausen[75] auf den Unterschied zwischen der vorhandenen Ist-Lage und der angestrebten Soll-Lage hin. Dadurch entsteht ein Erwartungsgefälle. Das Bestreben des Menschen ist darauf gerichtet, den Ausgleich zwischen den beiden Lagen herzustellen und aus diesem Bestreben resultiert dann die Motivation.

So einleuchtend es zunächst erscheint, mit Hilfe eines derartigen durchgängigen Prinzips die menschliche Aktivität insgesamt klären zu wollen, so befriedigt diese jedoch bei einer weiteren Befassung mit diesen Fragen nicht voll. Immer wieder tritt die Frage in den Vordergrund, wie es erneut zur Kreierung neuer Soll-Lagen kommt, wenn das Erwartungsgefälle ausgeglichen worden ist.

Es erscheint zutreffender, das Bedürfnis zur Selbstaktualisierung zur menschlichen Grundausrüstung zu nehmen, wie dies Maslow tut. Nicht minder jedoch möchten wir die Fähigkeit zur Zielsetzung und Steuerung menschlicher Aktivitäten als zu seiner Grundausstattung gehörend betrachten. Allerdings dürfen dann die Fähigkeiten zur Steuerung der Aktivitäten im Entwicklungsgange nicht so gesehen werden, als ob sie sich gemäß einem immanenten Bauplan entfalten würden, sondern sie werden in der Entwicklung durch die sozio-kulturellen Komponenten maßgeblich mitgeformt.

In einem Rückgriff auf die Konzeption Maslows kann dies kurz erörtert werden. Dort werden die 5 Bedürfnissparten nicht als beziehungslos und diskontinuierlich voneinander getrennt gesehen. Sie sind vielmehr in einen irreversiblen Entwicklungsgang eingeordnet, der mit der Befriedigung der niederen Bedürfnisse einsetzt und über das Erleben der Sicherheit zur Verwirklichung der Geborgenheit und zu wertgerichtetem Leistungsverhalten kommt. Schließlich erfolgt im zeitlichen Kontinuum an letzter Stelle die Motivation zur Selbstaktualisierung. Eines basiert auf dem anderen, wobei für die Selbstaktualisierung der Grund von Anfang an, d. h. schon bei der Regelung der Befriedigung der leiblichen Bedürfnisse und bei dem Streben nach Sicherheit gelegt wird. So resultiert aus einer solchen Darstellung der Bedürfnisse zugleich eine Sicht auf den Entwicklungsgang der Aktivität. Um diese zu erfassen, ist es nicht damit getan, auf Einzeldispositionen zurückzugreifen, und hier ihre Entstehung aufzuzeigen. Vielmehr ist es erforderlich, sie im Zusammenhang mit den Bedürfnissen und mit der Steuerungsfähigkeit zu sehen und ihren Entwicklungsgang im Auge zu behalten. Wo dies getan wird, zeigt sich, daß die Fähigkeit zur aktiven Selbstgestaltung keinesfalls eine Angelegenheit der Veranlagung und der Reifung ist, sondern, daß sie sich in einer langen Entwicklungszeit ausbildet, wobei bei dieser langen Dauer den Umweltfaktoren eine bedeutsame Rolle zukommt. Dabei ist besonders darauf zu verweisen, daß gerade in der Entwicklung der aktiven Gestaltung die Möglichkeit liegt, daß der Mensch als ein selbständiges und mündiges Wesen zur Verwirklichung von eigenen Verhaltensweisen kommt, die von den bisherigen Standards abweichen. In der einschlägigen Literatur ist das nachfolgende Beispiel mehrmals aufgeführt. »Zwei Zwillingsbrüder waren sich bis zu ihrem 21. Lebensjahr ziemlich gleich in Charakterzügen und Lebenshaltung; bei einer Rauferei sticht der eine dem anderen ein Auge aus. Die Folge davon ist, daß der erstere in einer moralischen Depression auf sexuelle Abenteuer ausgeht, dadurch Neigung zur Zügellosigkeit bekommt, die seine ganze Lebensweise, auch sein Studium durchdringt; der andere, der Getroffene, zieht sich in sich selbst zurück, wird ein ernster und altruistischer Mann. An ihrer genetischen Identität ist nicht zu zweifeln; ein einziges Geschehnis mit seiner Nachwirkung läßt beide Phänotypen gründlich auseinandergehen[76].«

In der analytischen Psychologie C. G. Jungs nimmt die aktive Gestaltung eine »zentrale Stellung« ein[77]. Der Weg führt über die Selbsterkenntnis zur Individuation. Er schreibt: »Nur wer bewußt zur Macht der ihm entgegenstrebenden inneren Bestimmung Ja sagen kann, wird zur Persönlichkeit; wer ihr aber unterliegt, verfällt dem blinden Ablauf eines Geschehens und wird vernichtet[78].«

Die Psychologie setzt nicht erst in einer Revision dieser These von der aktiven Gestaltung neu ein. Sie hat im besonderen in den Ausführungen über die Pubertätsvorgänge schon früher auf die Eigenformung verwiesen. Als Voraussetzung dazu wird die »Entdeckung des Ich«[79] angeführt. Petzelt schreibt: »Unsere Entwicklung ist eine Entfaltung der Aktivität zu bestimmtem, wohlumrissenem und unabänderlichem Ende, also eine Entwicklung eines Subjekts in Selbsttätigkeit.« Der Terminus Entfaltung entspricht nicht der heutigen Sichtweise. An anderer Stelle setzt Petzelt folgendermaßen an: »Mit der recht verstandenen Aktivität des Ichs versteht sich die Ordnungsfähigkeit des Ich in jenem Sinne, in welchem es seine Akte selbst zusammenhalten muß, versteht sich die grundsätzliche Richtung auf das Sollende, versteht sich mit anderen Worten seine prinzipielle Aufgabenhaftigkeit[80].«

Hier tritt deutlich heraus, daß das Ich sich die Ziele im Bereich der aktiven Gestaltung setzt und nicht etwa eine immanente Vorgegebenheit der aktiven Gestaltung gegeben ist, die nur aufzubrechen und sich zu entfalten braucht. Gerade bei diesem nicht unwesentlichen Geschehen im Entwicklungsgange ist die Frage berechtigt, ob der Mensch allein gemäß seiner Anlagen und deren Reifung zur aktiven Gestaltung kommen würde. Aus der Beschreibung der Prägung der Wolfskinder von Midnapore[81] müssen wir das verneinen. Voraussetzungen für die Selbstgestaltung und der eigentliche Anstoß erfolgen durch die soziokulturelle Umwelt. Hier können wir auf das Maslow'sche Modell zurückgreifen, das aufzeigt, daß andere Bedürfnisse in dem »hierarchischen Organisationsmuster« zwar nicht ihre vollständige, jedoch eine angemessene Befriedigung zuvor erfahren haben müssen. Entwicklung läuft nicht in eng getrennten Sektoren ab. Die Vorgänge fußen oft auf anderen, sie greifen ineinander und brechen nicht abrupt einfach auf. Maslow[82] hat versucht, durch eine Untersuchung von historischen Personen (Abraham Lincoln und Beethoven zum Beispiel) als auch von zeitgenössischen Persönlichkeiten, zum Beispiel Albert Einsteins und Albert Schweitzers in einer Faktorenanalyse einzelne Kernzüge im Gesamtbild von Menschen zu erkennen, die ihm als Prototypen für die Selbstaktualisierung erscheinen. Als gemeinsame Eigenschaften konnte er herausstellen:

1. Realistische Wahrnehmung der Welt,
2. Akzeptieren des eigenen Ichs, anderer Menschen und der Welt in realistischer Weise,
3. Spontaneität im Verhalten und Erleben,
4. Aufgabenzentriertheit statt Ich-Zentriertheit,
5. Fähigkeit zu innerer Freiheit oder Loslösung,
6. Unabhängigkeit und Selbstgenügsamkeit,
7. Frische in der Einschätzung von Menschen und Dingen,
8. Zugang zu mystischen Tiefenerlebnissen,
9. Identifizierung mit der Menschheit als solcher,
10. Tiefe Gefühlsbeziehung mit einem kleinen Freundeskreis,
11. Demokratische Einstellungen und Werthaltungen,
12. Fähigkeiten, zwischen Mitteln und Zielen zu unterscheiden,
13. Philosophischer anstatt feindseliger Sinn für Humor,
14. Schöpferkraft,
15. Widerstand gegenüber kultureller Konformität.

Bei der Durchsicht einer solchen Liste wird evident, daß die entwicklungspsychologische Forschung gerade auf diesem Sektor noch in den Anfängen steckt und keinesfalls bereits durchgearbeitete Entwürfe bieten kann. Soviel tritt heraus, daß alle aufgeführten Persönlichkeitsmerkmale durch die soziokulturellen Gegebenheiten formbar sind. Es stellt sich der weiteren entwicklungspsychologischen Forschung die Frage, welche Spannbreite der Eigengestaltung im Zusammenhang mit den soziokulturellen Faktoren beizumessen ist.

Zusammenfassung: Es gibt eine Reihe von Variablen, welche in der Ausformung des menschlichen Entwicklungsganges mit unterschiedlichem Grad wirksam werden:

1. *Die Vererbung*: Sie bringt in den menschlichen Organismus die genetischen Gegebenheiten ein, welche die Ausgangsgrundlage für die Entwicklung darstellen. Gemäß den Mendel'schen Regeln vererben sich gewisse Dispositionen. Festzustellen ist dies insbesondere im Bereich der Konstitution. Keinesfalls jedoch hat die Vererbung die Bedeutung, welche ihr jahrzehntelang zugemessen wurde. Viele sogenannte Veranlagungen werden nur als weite Disposition vererbt und sind durch Umwelt und Erziehung in ausgreifendem Maße ausformbar.

Die neueren Wissenschaften unterscheiden zum Teil noch zwischen vererbt und angeboren. Vererbt heißt, was von den Vorfahren im Erbgang übergeben wurde.

2. Als *angeboren* wird bei einer subtilen Terminologie das bezeichnet, was durch Mutationen, welche in den Genen und im Plasma hervorgerufen wurden, zur Realisierung kommt.

3. Anzuführen sind weiter diejenigen *Veränderungen, welche zwischen der Konzeption* und dem Ende des ersten Lebensjahres liegen. Wir kennen sie vorläufig als Schädigungen, so können z. B. Virus-Erkrankungen der Mutter während der Schwangerschaft gravierende Veränderungen am Kinde im Mutterleibe bewirken. Auch der Mongolismus kann als solche nicht vererbte Veränderung angesehen werden. Schädigungen bei der Geburt und im 1. extrauterinen Frühjahr können ebenfalls Veränderungen bewirken. Diese pränatalen, natalen und postnatalen Einwirkungen bestimmen unter Umständen ein phänotypisches Bild weitgehend.

4. Als vierte Determinante ist *die Reifung* aufzuführen. Sie wurde über viele Jahre, ja Jahrzehnte neben der Vererbung als Hauptfaktor der Entwicklung betrachtet, ja nahezu mit Entwicklung gleichgesetzt. Die heutige Entwicklungspsychologie mindert ihren Stellenwert. Reifung ist zwar eine erforderliche Bedingung für die menschliche Entwicklung; sie ist jedoch keinesfalls ausreichend, um die Ausformung menschlichen Verhaltens zu erklären.

5. Die Sozialisation stellt eine wesentliche Determinante in der Gestal-

tung der menschlichen Verhaltensweisen dar. Ohne Sozialisation ist ein menschlicher Entwicklungsgang gar nicht denkbar.

6. Die *Enkulturation* ist eng gekoppelt mit der Sozialisation zu sehen. Wie das soziale Milieu so wirkt auch die kulturelle Umgebung von den Anfängen des menschlichen Seins maßgeblich auf die Ausgestaltung der menschlichen Entwicklung.

7. *Entwicklung als aktive Gestaltung.* Die menschliche Offenheit läßt Raum für Selbstformung. Das Fundament hierfür wird frühzeitig durch die sozio-kulturellen Einflüsse gelegt.

Die erfolgte Aufzählung der 7 Determinanten will kein System mit Absolutheitsanspruch ausbreiten; vielmehr soll dadurch auf die Vielfalt der bedingenden Faktoren und der bewirkenden Variablen hingewiesen werden. Das Ineinandergreifen der Determinanten darf nicht kumulativ oder additiv verstanden werden, sondern eher multiplikativ oder vektoriell, d. h. »Art und Ausmaß des Einflusses den der einzelne Faktorentyp ausübt, hängt ab von der Mitwirkung des anderen«[83]. Die Interaktionshypothese darf aus diesem Grunde nicht so verstanden werden, als ob es sich bei der Entwicklung der Funktionen und Fähigkeiten, der Erlebens- und Verhaltensweisen allein um ein Kräftespiel zwischen Vererbung und Umwelt handeln würde. Der Prozeß ist vielschichtiger, und wir verweisen hier erneut auf das Erfordernis einer multidimensionalen Sichtweise und stellen noch einmal heraus, daß es bisher keine Ergebnisse aus Experimenten gibt, welche die Unterlagen für ein Abstecken des differentiellen Determinationsspielraumes und der Verschiebungsmöglichkeiten in zeitlichen Kontinuum liefern. Innerhalb dieser Determinationsspielräume können die Variablen der Sozialisation, der Akkulturation und der aktiven Gestaltung ansetzen und in der Interaktion mit den Bedingungsfaktoren von Vererbung, Angeborensein, frühkindlicher Prägung und Reifung wirksam werden.

Während die Entwicklungspsychologie alle Bedingungsfaktoren und Wirkungsvariablen zu erforschen versucht, welche in die Entwicklung des Individuums eingehen, setzt sich die Pädagogische Psychologie stärker mit denjenigen Determinanten auseinander, welche für das Erziehungs- und Bildungsgeschehen relevant sind und akzentuiert damit die Bedeutung der Sozialisation, der Enkulturation und der aktiven Gestaltung.

Literatur zu Kapitel III

[1] Rubinstein, S. L.: Das Wesen des Denkens und seine Komponenten, in: Graumann C. F., Denken, Köln 1965, S. 75.
[2] Bergius, R.: Entwicklung und Entwicklungskrisen bei Kindern und Jugendlichen, Ztschr. Schulwarte Stuttgart Heft 4/1969, S. 256.
[3] Lange, J.: Verbrechen als Schicksal, Leipzig 1929.
[4] Rohracher, H.: Kleine Charakterkunde, Wien, Innsbruck 1956[7], S. 239, zit. nach Roth, H.: Pädagogische Anthropologie, Bd. I., Hannover 1966, S. 220.
[5] Newman, H. H.: Freemann F. N. und Holzinger, K. H.: Twins: a study of heredity and environment, Chicago 1937 nach Roth, H.: Pädagogische Anthropologie, Hannover 1966, S. 221.
[6] Bloom, B. S.: Stabilität und Veränderung menschlicher Merkmale, Weinheim, Berlin, Basel 1971, S. 82 ff.
[7] Roth, H.: a.a.O., S. 223.
[8] Hebb, D. O.: Einführung in die Psychologie, Weinheim 1967, S. 183.
[9] Lempp, R.: Frühkindliche Hirnschädigung und Neurose, Bern, Stuttgart 1965, S. 21.
[10] Lange-Cossak, H.: Zur Katamnese langdauernder Säuglingsdystrophen, Ztschr.: Ges. Neurol. und Psychiatrie 136, 257 (1956).
[11] Enke, W.: Mehrdimensionale Diagnostik erziehungsschwieriger Kinder, Z. f. Psychotherapie und medizinische Psychologie, 5, 260 (1955).
[12] Lempp, R.: a.a.O., S. 79.
[13] Anastasi, A.: Vererbung, Umwelt und die Frage nach dem »Wie« in: Ewert o. M. Entwicklungspsychologie, Bd. I, Köln 1972, S. 27.
[14] Thomae, H.: Handbuch der Psychologie, Bd. 3, Göttingen 1959, S. 3 ff.
[15] Portmann, A.: Vom Ursprung des Menschen, Basel 1965[5]. S. 60.
[16] Bäumler, Fr.: Beiträge zu einer Psychologie der neuen Oberstufe München/Basel 1965, S. 29 ff.
[17] Spitz, R.: a) Hospitalism. in: The Psychoanalytic Study of the Child 1945, Vol. I, S. 53–74. b) 1946 Vol. II, S. 113–117. c) Anaclitic Drepression 1946, Vol. II S. 313–342.
[18] Freud, A.: Wege und Irrwege in der Kinderentwicklung, Stuttgart, Bern 1968, S. 145 ff.
[19] Kern, A.: Sitzenbleiberelend und Schulreife, Freiburg 1954.
[20] Kemmler, L./Heckhausen, H.: Ist die »Schulreife« ein Reifungsproblem, in: Weinert, Fr.: Päd. Psychologie, Köln 1967.
[21] Schmalohr, E.: Zur ganzheitlichen und einzelheitlichen Auffassung in der Wahrnehmung bei 4-6-jährigen Kindern. Kongreßbericht Deutsche Ges. für Psychologie, 1968, S. 370 ff.
[22] Aebli, H.: Die geistige Entwicklung als Funktion von Anlage, Reifung, Umwelt und Erziehungsbedingungen, in: Roth, H.: Begabung und Lernen, Stuttgart 1969.
[23] a) Mead, M.: Coming of Age in Samoa, New York 1928. b) Mead, M.: Sex and Temperament in Three Primitive Societies. New York 1935.
[24] Beach, F. A.: Hormones and Behavior, New York 1949.
[25] Fend, H.: Sozialisierung und Erziehung, Weinheim-Berlin-Basel, 1969, S. 38 ff.
[26] Fend, H.: a.a.O., S. 13.

[27] Fend, H.: a.a.O., S. 36 ff.
[28] Child, J. L.: Socialisation, in: Lindzey G.: Handbook of Social Psychology. Vol. 2, Cambridge 1954.
[29] Scharmann, Th.: Die individuelle Entwicklung in der sozialen Welt. Handbuch der Entwicklungspsychologie Bd. 3, Göttingen 1959, S. 536.
[30] Mead, M.: Mann und Weib, Stuttgart-Konstanz 1955.
[31] Mead, M.: Jugend und Sexualität in primitiven Gesellschaften. Bd. 1-3, München 1970.
[32] Mead, M.: a.a.O., Bd. 3, S. 223 ff.
[33] Cooley, Ch.: Social Organization, New York 1909 zit. bei Scharmann, Th.: a.a.O., S. 542.
[34] Spitz, R., A. und Wolf, K. M.: Anaclitic Depression, in: Psychoanalytic Study of the Child, 1946, S. 313 ff.
[35] Bowlby, J.: Some patological prosesses set in train by early mother-child separation. J. ment Sciences 1953.
[36] Dührssen, A.: Heimkinder und Pflegekinder in ihrer Entwicklung, Göttingen 1958.
[37] Coerper, C., Hagen W. und Thomae, H.: Deutsche Nachkriegskinder, Stuttgart 1954.
[38] Mead, M.: Der Konflikt der Generationen, Olten 1971.
[39] Neidhart, Fr. u. a.: Jugend im Spektrum der Wissenschaften, München 1970, S. 17 f.
[40] Thomae, H.: Psychische und soziale Aspekte des Alterns, Ztsch. für Gerontologie, Darmstadt, Heft 1/1968.
[41] Roth, H.: a.a.O., S. 252.
[42] Sapir, E.: Language, in: Encyclopedia of the Social Sciences.
[43] Bernstein, B.: Sozio-kulturelle Determinanten des Lernens, in: Weinert, Fr.: Pädagogische Psychologie, Köln 1967, S. 346 ff.
[44] Oevermann, U.: Schichtenspezifische Formen des Sprachverhaltens und ihr Einfluß auf die kognitiven Prozesse, in: Roth, H.: Begabung und Lernen, Stuttgart 1969, S. 297 ff.
[45] Hetzer, H.: Kindheit und Armut, in: Psychologie der Fürsorge, hrsg. von Bien, G., Bühler Ch., Hetzer, H., 1 Bd. Leipzig 1929.
[46] Mc Carthy, D.: Language development in Children, in: Carmichael L.: Manual of Child Psychology, New York 1954.
[47] Fraisse, P.: De quelques lois du dévelopment perceptif, in: Z. f. Psychologie 1961 Nr. 165, S. 203 ff.
[48] Kern, A.: Sitzenbleiberelend und Schulreife, Freiburg 1954.
[49] Nickel, H.: Die visuelle Wahrnehmung im Kindergarten und Einschulungsalter, Stuttgart 1967.
[50] Stumpp, R.: Schulreifeuntersuchungen bei Kindern im Vorschulalter. Unveröffentl. Zulassungsarbeit unter Bäumler Fr., PH Reutlingen 1968.
[51] Götz, E.: Die École Maternelle, Unveröffentlichte Zulassungsarbeit unter Bäumler, Fr., PH Reutlingen 1969.
[52] Veihelmann, G.: Untersuchungen zur Gliederungsfähigkeit in einer Nursery-School, unveröffentlichte Zulassungsarbeit unter Bäumler, Fr., PH Reutlingen 1972.
[53] Hunt, J. Mc. V.: Intelligence and experience, New York 1961.
[54] Samstag, K.: Informationen zum Lernen im Vorschulalter, Bad Heilbrunn 1971, S. 24/25.

55 Roth, H.: Pädagogische Anthropologie, Hannover 1967, S. 228.
56 Anastasi, A.: Differential Psychology, New York 1958^{3}.
57 Rosenthal/Jacobsen: Pygmalion im Unterricht, Weinheim-Berlin-Basel 1971, S. 82 ff.
58 Elashoff, J. D. und Snow, R. D.: Pygmalion auf dem Prüfstand, München 1972.
59 Bloom, B. S.: Stabilität und Veränderung menschlicher Merkmale, Weinheim-Basel-Berlin 1971, S. 78.
60 Dietrich, G.: Unterrichtspsychologie der Sekundarstufe, Donauwörth 1972, S. 84 ff.
61 Roth, H.: Pädagogische Psychologie des Lehrens und Lernens, Hannover 1965, S. 129 ff.
62 Aebli, H.: Die geistige Entwicklung als Funktion von Anlage, Umwelt und Erziehungsbedingungen, in: Roth, H.: Begabung und Lernen, Stuttg., 1969, S. 162.
63 Mall, H. / Bäumler, Fr.: Die Musikerziehung in der Grundschule, Stuttgart 1966^{2}.
64 Roth, H.: a.a.O., S. 142 ff.
65 Samstag, K.: Informationen zum Lernen im Vorschulalter, Bad Heilbrunn 1971, S. 24.
66 Torrance, E. P.: Die Pflege schöpferischer Begabung, in Mühle, G. / Schell, Chr.: Kreativität und Schule, München 1970, S. 181 ff.
67 Tumin, M.: Obstacles to creativity, in: Parnes und Harding, 1962.
68 Bäumler, Fr.: Gedanken zum Problem der Lehrplanforschung aus der Sicht der Pädagogischen Psychologie, in: Zur Lehrplandiskussion, Stuttgart (Klett) 1970.
69 a) Portmann, A.: Die Stellung des Menschen in der Natur, Handbuch der Biologie, Bd. IX, S. 437 ff. b) Portmann, A.: Zoologie und das neue Bild vom Menschen, Hamburg 1956^{2}.
70 Freud, S.: Gesammelte Werke, 14. Bd., London 1948, S. 470.
71 Adler, A.: Praxis und Theorie der Individualpsychologie, Leipzig 1930^{4}.
72 Lersch, Ph.: Aufbau der Person, München 1956^{7}.
73 Oerter, R.: Moderne Entwicklungspsychologie, Donauwörth 1967, S. 68.
74 Maslow, A. H.: Motivation and personality, New York 1965.
75 Heckhausen, H.: Eine Rahmentheorie der Motivation in zehn Thesen Ztschr. für exp. angew. Psychologie 10/1963, S. 604 ff.
76 Langeveld, M. J.: Einführung in die Pädagogik, Stuttgart 1962^{3}, S. 88.
77 Höhn, E.: Entwicklung als aktive Gestaltung, Handbuch der Psychologie, Bd. 3, Göttingen 1959, S. 317.
78 Jung, C. G.: Wirklichkeit der Seele, Zürich 1947^{3}, S. 200.
79 Spranger, E.: Psychologie des Jugendalters, Heidelberg, 1949^{19}, S. 34.
80 Petzelt, A.: Kindheit, Jugend, Reifezeit, Freiburg 1951.
81 Shing, J. A.: Die Wolfskinder von Midmapore, Heidelberg 1964.
82 Krech, D. und Crutchfield, R. S.: Grundlagen der Psychologie, Bd. I, S. 417 ff.
83 Anastasi, A.: Vererbung, Umwelt und die Frage nach dem »Wie« in: Ewert, O. M.: Entwicklungspsychologie, Bd. I, Köln 1972, S. 19.

IV. Prinzipien der Entwicklung

1. Differenzierung

Als wesentliches Prinzip, das für den Entwicklungsgang kennzeichnend ist, kann die Differenzierung angeführt werden. Dabei formen sich aus einem ursprünglich gleichartigen Ausgangsstadium unterscheidbare Einzelheiten aus.

Für Goethe stellte die Differenzierung ein charakteristisches Faktum der Entwicklung dar. »Je vollkommener das Geschöpf wird, desto unähnlicher werden die Teile einander. In jenem Falle ist das Ganze den Teilen mehr oder weniger gleich, in diesem das Ganze den Teilen unähnlich[1].« Im biologischen Bereich ist die Feststellung der Differenzierung leicht möglich. Das eben befruchtete Hühnerei ist noch undifferenziert, während am Kücken vor seinem Ausschlüpfen schon alle erforderlichen Organe und Körperteile zu erkennen sind. Als Parallelbeispiel dazu kann die intrauterine ›Entwicklung‹ des Menschen angeführt werden. Es sei versucht, den Vorgang der Differenzierung auch im psychischen Bereich nachzuweisen.

Die optische und haptische Wahrnehmung von Gestalten ist der Entwicklung unterworfen und weist zunehmende Differenzierungen auf. Kinder bis zu vier Jahren nehmen eine aus drei ineinandergreifenden Kreisen gebildete Rosette als eine Blume wahr, während der Erwachsene darin 3 Kreise erkennt und die Figur auch so bezeichnet. Ein weiteres Beispiel zeigt dies ebenfalls: Für das Kleinkind liegt beim Menschen zwischen Kopf und Beinen nur ein Teil, nämlich der Bauch. Erst im Fortschreiten der Entwicklung werden dann Hals, Brust und Bauch unterschieden[2]. Gast fand 1961 bei Vorschulkindern eine stärkere Abhängigkeit von den Besonderheiten ihres Wahrnehmungsfeldes, im Vergleich mit Schülern, welche mit Hilfe des logisch-abstrakten Denkens sich von den »Feldeigentümlichkeiten« frei machen und damit besser differenzieren können[3]. Daß beim Zeichnen des Kindes Differenzierungsprozesse schon durch das Experiment und den Versuchsleiter forciert werden können, versucht Aebli nachzuweisen[4]. Beim bildhaften Darstellen genügt unter Umständen eine einfache Zwischenfrage nach der Art: »Was sieht man alles am Kopf?« oder: »Und was gehört noch dazu?« um ein differenzierteres Gebilde auf dem Zeichenblatt entstehen zu lassen, welches im Spontanverhalten nicht dargestellt wäre[5].

Auch bei der Entwicklung der Begabungen zeichnet sich der Differenzierungsvorgang deutlich erkennbar ab, da in der Begabung eine Leistungsbereitschaft gesehen wird, welche in der Hinordnung auf ein Betätigungsfeld ausgeformt und spezialisiert wird. Diese Ausformung und Spezialisierung ist ein Differenzierungsvorgang im Bereich der Begabungen. In ähnlicher Weise lassen sich Differenzierungsvorgänge in den Bereichen der Einstellungen, der Haltungen, den Wertsystemen registrieren und ebenso im menschlichen Ausdruck, in seinen Handlungsvollzügen und seinen Aktivitäten. Differenzierungsvorgänge bei der Entstehung von Valenzen im kognitiven Bereich[6] können ebenso beschrieben werden wie Diskriminationsprozesse bei der Verhaltensdifferenzierung[7]. Lewin weist auf das unterschiedliche Differenzierungstempo, den unterschiedlichen Differenzierungsgrad und die unterschiedliche Verschiebbarkeit oder Starrheit ausdifferenzierter Systeme im Vergleich von normal intelligenten Kindern mit Schwachsinnigen hin[8] und betont nachdrücklich die Dynamik im psychischen Entwicklungsgeschehen. Als Kennzeichen der Differenzierung werden das Wachsen und die Zunahme der Mannigfaltigkeit der differenzierten Gesamt- und Teilstrukturen angeführt, sowie eine Verfeinerung und Durchgestaltung im Sinne einer Ausgliederung und einer Prägnanz der geschiedenen Phänomene[9]. Die Differenzierung bringt eine Zunahme der Mannigfaltigkeit mit sich, etwa im Erwerb einer Reichhaltigkeit und Durchgestaltetheit der Triebkräfte und Fähigkeiten (Thomae), eine Verfeinerung im Sinne einer Aufgliederung und Prägnanz (Werner) und die Ausbildung einer Eigendynamik in den unterschiedlichen Bereichen (Lewin).

Das Wesen, die Verlaufsformen und die Ergebnisse der Differenzierungsprozesse lassen sich in der organischen Entwicklung unschwer nachweisen. Sie können in der biologischen Entwicklung bei Pflanzen, Tieren und Menschen leicht registriert werden. Auch in der Phylogenese lassen sich bei den Organismen die Differenzierungsreihen aufzeichnen. In der psychischen Entwicklung sind die Differenzierungsvorgänge allgemein schwer zu fixieren. Es ist deshalb nicht verwunderlich, daß zur Erklärung der Entwicklungsprinzipien häufig auf Beispiele aus dem Somatischen zurückgegriffen wird. Ein solches Vorgehen birgt die Gefahr in sich, daß als bewirkender Faktor der Differenzierung in Analogie zum körperlichen Geschehen die Reifung zugrundegelegt wird. Im Psychischen sind Differenzierungsprozesse weitgehend umweltbedingt. Tempo und Ausformungsniveau, Prägnanz und Grad der Starrheit oder Verschiebbarkeit werden vornehmlich durch das Milieu geprägt.

2. Zentralisation

Für die menschliche Entwicklung ist das Prinzip der Zentrierung nicht minder kennzeichnend als der Vorgang der Differenzierung. Eine einseitige Ausgliederung könnte eigengeartete, unter Umständen sogar abartige, bizarre Formen hervorbringen, wenn nicht die Tendenz zur Subordination unter ein Ganzes entgegenwirken würde. Denn jedes seelische Gebilde weist in sich eine Ganzheit, eine bestimmte Zentrierung (Rangordnungen und Gewichtsverteilung der Glieder) auf und steht innerhalb der psychischen Ganzheit wieder in einer Ausrichtung auf die größere Einheit[10]. Die Bedeutung der Zentrierung im Bereich der Wahrnehmung und des Denkens wurde in Experimenten häufig untersucht. Aus den Versuchen ergibt sich, daß die Zentrierung »nicht nur für das Gefüge und den Charakter, sondern auch für das funktionelle Verhalten der seelischen Gebilde«[11] von Bedeutung ist. Im Wahrnehmungsbereich fällt dem Kinde das Lebensnotwendige und das Prägnante zuerst auf, wird zuerst benannt und zuerst behalten. Diese erstfixierten Objekte werden zu wichtigen Zentrierungspunkten.

Auch beim produktiven Denken spielt die Zentrierung eine entscheidende Rolle. Ja, im Gesamtbereich der Kreativität treten neben die Akte freier Entfaltung im Spiel der Kräfte von Zeit zu Zeit Akte der Zentrierung und damit erneuter Zielausrichtung. Belegsichere Beispiele für die im Entwicklungsgang zunehmende Zentrierung zeigen sich in der Intelligenzentwicklung[12]. Ausgehend von der Übung der Reflexe führt die Entwicklungslinie über die ersten erworbenen Anpassungsverhaltensweisen zur Organisation von Verhaltensschematas im sensu-motorischen Bereich. Diese werden kooperiert und das Kind gelangt über das aktive

Experimentieren und Ausprobieren zu ersten geistigen Kombinationen. Damit die Denk- und Lernvorgänge sich nicht ins Uferlose verlieren und nicht zur Spielerei entarten, bedarf es in der Entwicklung der Denk- und Lernakte immer wieder der Zentralisation.

Vorbegriffliches und anschauliches Denken, konkrete und formale Operationen stehen in der Intelligenzentwicklung in genetischer Aufeinanderfolge und jede neugewonnene Denkweise wird in das vorhandene Denksystem eingeordnet, dort koordiniert und damit auch zentriert. Damit Denk- und Lernvorgänge sich nicht in abseitigen Gedankenzufällen verlieren und nicht in Abwegen enden, bedarf es in der Aktualgenese der einzelnen Denk- und Lernprozesse der Ausrichtung auf das Ziel und damit der Zentralisation. Auch dann, wenn großer Wert auf die freien Einfälle gelegt wird, wie etwa im brain-storming steht im Hintergrund eine Zielausrichtung.

In den Vorgängen der Zentrierung wird das Moment der Steuerung in der Entwicklung sichtbar. Es kann belegt werden, daß dieses steuernde Moment nicht vornehmlich durch einen immanenten Reifungsvorgang bestimmt ist, sondern wesentlich durch die Umweltbedingungen geformt werden kann.

3. Strukturierung

Die Forschungsergebnisse der Ganzheits- und Gestaltungspsychologie haben das Augenmerk auf die Genese von Ganzheiten und den Aufbau von Ordnungsverhältnissen gelenkt. Mit der Ablösung der Mosaiktheorie durch die Ausgliederungstheorie vollzog sich eine entscheidende Wende in der Betrachtung entwicklungspsychologischer Vorgänge. Am Anfang des Entwicklungsganges stehen nicht einzelne zusammenhanglose Bestandteile, welche sich lediglich additiv zu umfassenderen Einheiten zusammenschließen. Vielmehr findet sich in der Ausgangslage eine komplexe Ganzheit, die sich aufgliedert, verfeinert und durchgestaltet. Der Prozeß der Entwicklung von psychischen Strukturen läßt sich nach Metzger weder allein mit dem Gesetz der Ausgliederung noch mit dem Gesetz der additiven Zusammenfügung erklären, denn die natürliche Entwicklung geht »sowohl abwärts im Sinne einer Aufgliederung (die schließlich zum Zerfall und Verlust der Einheit führen kann, aber nicht muß) als auch aufwärts im Sinne des Zusammenschlusses zu immer umfassenderen, reicheren und verwickelteren Gestalten«[13]. Verfeinerungen einerseits und Bildung neuer Einheiten andererseits führt schließlich im zeitlichen Kontinuum zu neuen gegliederten Ganzheiten. In einer Folge gesehen, spiegelt sich hier der Vorgang der Strukturierung wider. So folgt bei der Entwicklung der kognitiven Fähigkeiten das abstrakte Denken erst nach der Ausbildung der anschaulichen und formalen Denkstrukturen; bei einer genauen Betrachtung der Sprachentwicklung zeigen sich ebenfalls kategoriale Gesetzmäßigkeiten in der Aufeinanderfolge, welche jedoch nicht gemäß dem Lebensalter streng fixiert sind. Bergius weist darauf hin, daß der Spracherwerb nicht im engeren Sinne reifungsbedingt ist; Sprachentwicklung und Erwerb grammatikalischer (formaler und syntaktischer) Strukturen ist von der Erfahrung im Umgang mit anderen Menschen und mit kognitiven Strukturen überhaupt abhängig[14]. Lewin versucht die qualitative Veränderung, welche sich bei der Entwicklung von Strukturen ergeben, mit dem Prozeß der Orientierung im ganzen zu vergleichen[15]. Die Orientierung in einer unbekannten Region stellt die Strukturierung eines noch nicht strukturierten Feldes dar. In einem umstrukturierten Felde wird das Verhalten des Menschen verunsichert. Er hat darin keine Zielausrichtung und weiß nicht, ob ihn seine Aktivitäten zum Ziele bringen oder in die entgegengesetzte Richtung der vorgenommenen Zielposition führen. Mit Hilfe von Lernprozessen wird es möglich, das unstrukturierte Feld zu einem strukturierten Felde und damit zu einer durchschaubaren und überschaubaren, dynamischen Ganzheit werden zu lassen. Die Bildung von Strukturen, als gegliederte Ganzheiten läßt sich keinesfalls nur als quantitative Zunahme abhandeln und erklären. Es handelt sich dabei vielmehr um ein qualitatives Anderswerden. Die Umwelteinwirkung stellt bei allen psychischen Strukturierungsvorgängen eine bedeutsame Variable dar. Frustration durch die Umwelt kann zu Regressionen führen, welche einen Rückgriff auf frühere einfachere Erlebnis- und Verhaltensstrukturen mit sich bringen[16]. Positive Umwelteinwirkung in der Entwicklung kann der Ausbildung von höheren Strukturen förderlich sein und die Entwicklungsprozesse vorantreiben.

4. Integration

Wenn sich im Entwicklungsgange neue Strukturen ausbilden, so lösen diese die vorhergehenden gegliederten Ganzheiten nicht derart ab, daß die früheren Strukturen ausgelöscht werden. Die verschiedenen sich ausformenden Strukturen bleiben im Zusammenhang und stehen in einer Entwicklungslinie. Deshalb ist es möglich, daß bei entsprechenden Umwelteinwirkungen ein Regreß auf frühere Strukturen erfolgen kann, welche im Organismus integriert bleiben. Vor allem aber weist sich die Integration darin aus, daß neuentwickelte Strukturen nicht isoliert im Gesamtcharaktergefüge stehen. Im Zumtragenkommen einer im Entwicklungsgange sich verbessernden Kooperation stehen die Strukturen in einem Zusammenhang und treten in Verbindung zueinander. So werden die neu sich entwickelnden Strukturen im Zuge »einer immer besser werden die Koordination (Intregation)«[17] eingeordnet.

Bei einer oberflächlichen Betrachtung könnte der Eindruck entstehen, daß der Integration nur eine zweitrangige Bedeutung im Entwicklungsgeschehen zufallen würde, indem es ihr obliege, die neuen Strukturen einzuordnen. Wir müssen die Integration als einen fortlaufenden Prozeß verstehen, der zu neuen Formen der Gesamtorganisation führt und nicht nur einfügt. »Integration bedeutet daher ein Hervorbringen von Neuem und Originalem[18].« Die durch die Integration hervorgerufenen Organisationen können von sich aus durch ihr Einwirken zum fördernden Moment für die Entwicklung anderer psychischer Strukturen werden. So kann zum Beispiel der Erwerb kognitiver Strukturen auf die sprachliche Ausformung einwirken. Umgekehrt kann etwa die Entwicklung des Symbolverständnisses in der Sprachentwicklung seine Rückwirkung auf das Emergieren von kognitiven Strukturen zeitigen. Das Prinzip der Integration macht verständlich, wie im Entwicklungsgange die ausdifferenzierten und gegliederten Ganzheiten zu neuen Organisationen werden, welche den derzeitigen Status der sich entwickelnden Persönlichkeit kennzeichnen.

5. Selektion

Die heutige anthropologische Grundkonzeption stellt heraus, daß die wesentliche Stärke des homo sapiens in seiner Lernfähigkeit liegt. Die Offenheit menschlichen Wesens gibt Raum für große Einwirkungsmöglichkeiten. Beim Menschen ist »Prägung« nicht nur ein relativ kurzer Vorgang, »ein Einklinken eines Instinktmechanismus« (Lorenz) wie beim Tier, sondern ein langdauernder Lernprozeß. Das neugeborene Kind trägt viele Möglichkeiten der Personverwirklichung in sich. Es kann jedoch nicht alle realisieren. Die Umwelt selbst nimmt eine Auslese aus der Fülle möglicher Reize vor. So wird die Vielfalt der menschlichen Verwirklichungsmöglichkeiten eingeengt und zugeschnitten. Aus der gegebenen Breite und Fülle greift das Milieu diverse Possibilitäten heraus. Funktionen und Fähigkeiten des Individuums werden so gemäß den Umweltformen sozialisiert[19]. Das geprägte, verwirklichte Bild stellt jedoch keinesfalls die einzige der Realisierungsmöglichkeiten individuellen Seins dar. Es wird geformt durch die spezifischen Umweltvariablen, welche durch soziale und kulturelle Umweltgegebenheiten manifestiert wurden. So wird zum Beispiel in Familien, in welchen musiziert wird, das Kind früh angeregt, selbst ein Instrument zu spielen. Eine Umgebung, in der demokratische Verhaltensweisen hoch im Kurs stehen und gepflegt werden, wird das Kind frühzeitig mit solchen konfrontieren usw. Einstellungen (sets), Interessen, Begabungen, Werthaltungen (attitudes) werden in einer Weise entwickelt, hinter welcher die besondere Selektion durch die Umwelt zu erkennen ist. Früheren Grundlegungen der Entwicklungspsychologie war das Prinzip der Selektion nicht unbekannt. Der Vorgang wurde jedoch anders gesehen, nämlich daß das Individuum gemäß seiner durch Anlage, Vererbung, Rasse usw. fixierten und mitgebrachten Eigenheiten aus dem Umweltangebot das auswähle, was ihm gemäß erschien. Ferner wurde postuliert, daß ein bestimmter Reifestatus des Individuums dazu führe, daß dieses eine Auswahl aus den Umweltreizen gemäß der von ihm erreichten Altersstufe treffe.

Die moderne Entwicklungspsychologie bezieht einen diametral entgegengesetzten Standort. Sie hat aufgrund von Forschungsergebnissen erkannt, daß die Umwelt schon sehr früh den Entwicklungsgang mitbestimmt. Sie kann jedoch dabei nicht die gesamte Breite überhaupt gegebener Realisierungsmöglichkeiten aufgreifen, sondern stellt gemäß ihrer spezifischen Ausgeformtheit die Weichen in der Entwicklung des Kindes[20]. Durch das Milieu wird im Gang der Entwicklung die ursprüngliche Vielfalt der Möglichkeiten immer mehr eingeschränkt und so schließlich der einmalige individuelle Verlauf der Persönlichkeitsentwicklung herbeigeführt.

6. Kanalisation

In Verbindung mit der Selektion ist die Kanalisierung zu sehen. Durch die Umwelt wird das Reizangebot an das Kind herangetragen und dadurch wird die Entwicklung ausgerichtet und in bestimmte Bahnen gelenkt. Es ist nachgewiesen, daß ein reizarmes Milieu über die sensorische Deprivation eine Reduzierung der Aktivität sowie eine Minderung der intellektuellen Leistungskraft nach sich zieht. Diese Kettenreaktionen lassen sich wie folgt darstellen:[21]

emotionale und sensorische Deprivation	vitale Apathie	Ernährungsstörung des Gehirns	degenerative Veränderung der Nervenzellen	Abbau der Lernaktivität, Minderung der Intelligenzleistung.

Durch das Umweltangebot werden demnach nicht nur die Kanäle festgelegt, sondern es erfolgt auch von früher Kindheit an eine Einwirkung auf die Aktivitäten, welche innerhalb dieser Bahnen entwickelt werden. Die Kanalisation bringt die Verfestigung von Verhaltensweisen. Heiss spricht von den Verfestigungen von Leitlinien und Thomae von der Festlegung des Verhaltens auf bestimmte Verhaltensmuster. Auf solche Art wird auch die Lernfähigkeit des Individuums kanalisiert, welche in der heutigen und für die künftige Gesellschaft von eminenter Bedeutung ist.

Hier ist eine grundlegende Besinnung vonnöten. Kanalisierung birgt die Gefahr der Einengung mit sich, im Extrem könnte somit die Prägung zur Engstirnigkeit, Maniriertheit, ja zur Kurzsichtigkeit führen. Es ist daher erforderlich, darauf hinzuweisen, daß beim Vorgang der Kanalisation nicht allein in Bahnen gelenkt wird, sondern über die im Wesen der Verfestigung liegende Einengung hinausgeführt wird. Die bei der Kanalisierung auszubauenden Wege dürfen nicht als Hohlwege abgedämmt sein, sondern sollen zugleich die Möglichkeit in sich tragen, über sich hinauszuführen. Mit der Darlegung der Kanalisierung ist die Einwirkung des Milieus in der Entwicklung nur zur Hälfte gekennzeichnet. So wie zur Differenzierung notwendigerweise die Zentralisation gehört, so wie zur Strukturierung die Integration der neuen Strukturen tritt, so muß als regulierender Gegenpol zur Verfestigung die Hinführung zur Variativität erfolgen.

Einige Beispiele aus der Entwicklungspsychologie sollen dies erläutern. In der Denkentwicklung führt die Kanalisierung zunächst zum intellektuellen Egozentrismus. Damit aber darf der Vorgang nicht abgeschlossen sein. Es muß im operativen Denken die Fortführung zur Koordination oder zur Gruppierung mehrerer Standpunkte erfolgen. Über den Erwerb der festen Denkformen kann der Mensch zu reversiblen Operationen gelangen. Er kommt damit zur Mobilität im Denkbereich und erwirbt sich die Fähigkeit zum Überspringen festgelegter Bahnen, zur Transformation und damit zur Variativität.

Im Verhältnis des Kindes und Jugendlichen zum Raum lassen sich diese Vorgänge nicht minder deutlich aufzeigen. Der Mensch erwirbt sich anfänglich den Raum, in dem er diesen vom Ichraum aus schneisenförmig erweitert. Die Wege werden im Gehen und Fahren (im »Erfahren«) erworben. Sie stellen im hodologischen Netz feste Bahnen dar, die zuerst ein Abweichen nicht gestatten. Schließlich erfolgt im Entwicklungsgang der Erwerb des gesamten Ordnungsgefüges Raum. Erst dadurch wird der Mensch befähigt, die fixierten Schneisen in ein Gesamtbild einzufügen, sich darüber zu erheben und sich unabhängig von den ursprünglich festen Wegen zu orientieren. Die Variativität innerhalb eines Bezugssystems und das Verfügen über dieses Bezugssystem sind erreicht. Nicht minder deutlich läßt sich dies in der Entwicklung des Zeiterlebens und Zeitbewußtseins darstellen und ebenso im Verhältnis des werdenden Menschen zum Zahlenraum. Über die ursprüngliche Gebundenheit der Verfestigungslinien hinaus kommt der Mensch zur Variativität. Auch in der Entwicklung des Sprachverständnisses und des Sprachgebrauchs führt der Gang über die Kanalisierung einförmiger Anwendungen hinaus zur Variativität. Dabei zeigt sich deutlich, daß Kinder von sich aus schöpferisch von konventionellen Formen abweichen und eigene treffende Ausdrücke finden und erfinden. Daraus wird ersichtlich, daß im Sozialisierungsprozeß die Befähigung zur Variativität von Anfang an gefördert werden kann, damit sie nach einer Epoche strenger Verfestigung und Kanalisierung der Sprachverwendung nicht erst wieder geweckt werden muß. Das Beispiel des sprachschöpferischen Verhaltens des Kindes zeigt deutlich, daß der Ausbau der Variativität nicht minder zum Wesen der Entwicklung gehört als die Verfestigung. Nur im Zusammenwirken beider Komponenten kann die Sprache zum Feld initiativ bestimmter Möglichkeiten werden. Festgefahrene, zementierte Bahnen hemmen schöpferisches Verhalten. Die neuere Kreativitätsforschung, welche die psychologischen Grundlagen für schöpferisches Verhalten eruiert, macht auf blockierende Fakren in der Entwicklung der Kreativität aufmerksam. Unter ihnen werden verfestigte, »funktionale Rigidität« und der in der Gewohnheit verharrende »set« genannt (set = Tendenz)[22]. Die Entwicklung der Kreativität kann schon frühzeitig im Vorschulalter beginnen. Dazu gehört im Zuge der Verfestigung die Hinführung zur Variativität und damit zur Flexibilität und zur Offenheit.

Differenzierung und Zentralisation führen zur Ausbildung von Strukturen im psychischen Bereich. Diese Strukturen bedürfen der Einordnung in das Gesamtgefüge durch Integration. Kanalisierung und Variativität ermöglichen Freiheit der Verhaltensweisen der Person, welche in einem offenen, sozial geprägten Felde mit dynamischer Kennzeichnung erforderlich sind. Sowohl die Struktur in ihrer gegliederten Ganzheit als auch das Feld in seiner dynamischen Wirksamkeit bedürfen nicht einer Einseitigkeit, sondern der Mehrdimensionalität in der Entwicklung[23].

Literatur zu Kapitel IV

1 Werner, H.: Entwicklungspsychologie, München 1953³, S. 29.
2 Metzger, W.: Psychologie, Darmstadt 1954, S. 319.
3 Gast, H.: Diskussionsbeitrag, in Z. f. Psychologie 165, 1961, S. 213.
4 Aebli, H.: Über die geistige Entwicklung des Kindes, Stuttgart 1963.
5 Mühle, G.: Definitions- und Methodenprobleme der Begabungsforschung, in: Roth, H. (Hrsg.): Begabung und Lernen, Stuttgart 1969, S. 75.
6 van Parreren, C. F.: Lernprozeß und Lernerfolg, Braunschweig 1966, S. 249 ff.

[7] Foppa, Kl.: Lernen, Gedächtnis, Verhalten, Köln 1965, S. 121 ff.
[8] Lewin, K.: Eine dynamische Theorie des Schwachsinnigen, in: Weinert, Fr.: Pädagogische Psychologie, Köln 1967, S. 390 ff.
[9] Duhm, E.: Entwicklung und Differenzierung, in: Handbuch der Psychologie, Bd. 3, Entwicklungspsychologie, Göttingen 1958, S. 221.
[10] Bäumler, Fr.: Die Auseinandersetzung um den Entwicklungsbegriff und die Entwicklungsvorgänge, Schule und Psychologie 4/1969.
[11] Metzger, W.: Psychologie, Darmstadt 1954, S. 193.
[12] Piaget, J.: Das Erwachen der Intelligenz, Stuttgart 1969.
[13] Metzger, W.: Psychologie, Darmstadt 1954, S. 326.
[14] Bergius, R.: Entwicklung und Entwicklungskrisen bei Kindern und Jugendlichen, Die Schulwarte 4/1969, S. 269.
[15] Lewin, K.: Regression, retrogression and development, in: Castright D.: Field Theorie in Social Science, London 1952.
[16] Duhm, E.: Entwicklung und Differenzierung, in: Handbuch der Psychologie (Hrsg. H. Thomae), Bd. 3, S. 234.
[17] Bergius, W.: Entwicklung als Stufenfolge, Göttingen 1959, S. 132, in: Handbuch der Psychologie (Hrsg. Thomae).
[18] Duhm, E.: a.a.O., S. 223.
[19] Bäumler, Fr.: Die Auseinandersetzung um den Entwicklungsbegriff und die Entwicklungsvorgänge in der Psychologie, Schule und Psychologie 4/1969.
[20] Oerter, R.: Moderne Entwicklungspsychologie, Donauwörth 1967, S. 23.
[21] Lückert, R.: Sonderdruck aus: Bildung – Die Grundlage unserer Zukunft, München 1968, S. 37.
[22] Landau, E.: Psychologie der Kreativität, München-Basel 1969, S. 83.
[23] Bäumler, Fr.: Die Auseinandersetzung um den Entwicklungsbegriff und das Wesen der Entwicklungsvorgänge in der Psychologie, Schule und Psychologie 4/1969, S. 99-101.

V. Entwicklungsmodelle

Der Begriff »Modell« findet im deutschen Sprachgebrauch eine mehrfache Verwendung.

1. Als Modelle können Naturgegebenheiten, irgendwelche Objekte oder Lebewesen dienen, nach denen Statuen oder Akte, Studien, Zeichnungen oder Werkstücke hergestellt werden. Bei dieser Art von Modellen handelt es sich um real Vorhandenes, welches als Vorlage zur Gestaltung oder Abbildung dient.
2. In abgewandelter Form wird unter Modell ein im verkleinerten Maßstab erarbeiteter Entwurf oder eine verkleinerte Nachbildung von architektonischen Konstruktionen, von Gebäuden oder großen Bauprojekten, von Anlagen oder Landschaften verstanden.
3. In der Industrie bringt ein Modell ein von einem Konstrukteur entworfenes Musterstück, welches als Grundlage zur Serienfabrikation dient.
4. Ein Modell braucht im wissenschaftlichen Bereich nicht unbedingt eine naturgetreue oder verkleinerte Musterdarstellung zu sein, auch keine reale Gegebenheit, welche als Vorlage dient. Vielmehr wird in verschiedenen wissenschaftlichen Sektoren versucht, besondere Eigenschaften oder Eigentümlichkeiten eines Vorganges, eines Konstrukts oder einer Theorie anschaulich vor Augen zu stellen. Dabei können Nebensächlichkeiten außer acht gelassen und Kennzeichnendes verstärkt herausgekehrt werden. Es ist auch möglich, nur einzelne Aspekte in einem Modell zum Zwecke der Verdeutlichung und Erläuterung herauszugreifen und isoliert darzustellen. Ein solches Modell hebt nicht auf reale Wiedergabe ab, sondern will Einblicke ermöglichen und zum Verständnis führen.

Wenn in der Psychologie von Entwicklungsmodellen gesprochen wird, so haben diese Modelle den unter Position 4 erwähnten Charakter. Ein Entwicklungsmodell kann nicht den gesamten multidimensionalen Prozeß der Entwicklung in den unterschiedlichen Perspektiven veranschaulichen, sondern es wird damit versucht, die für eine Theorie jeweils kennzeichnenden Aspekte zu erfassen.

1. Das Modell der aufsteigenden Linie

Es hebt vor allen Dingen auf quantitative Veränderung im zeitlichen Kontinuum ab, »im Sinne einer mengenmäßigen Zunahme an Materie, Fähigkeit, Wissen, Anpassung usf.«[1]. Formuliert finden wir diese Vorstellung bei Leisegang: »Die Entwicklung wird aufgefaßt als Fortschritt vom Unvollkommenen zum Vollkommenen in einer langsam aufsteigenden Linie«[2]. Einige grundsätzliche Ansichten sind in diesem Zitat impliziert. Es sind dies die Gesichtspunkte der Höherentwicklung und der Stetigkeit. Mit diesem Bild der aufsteigenden Linie wird etwa versucht, den phylogenetischen Entwicklungsverlauf darzustellen, in welchem sich aus niederen Lebewesen höhere, differenziertere Formen ausbilden, welche als kausale Reihe in einer aufsteigenden Linie verstanden werden. Auch in Beschreibungen der menschlichen Individualentwicklung lassen sich solche Vorstellungen der Höherentwicklung finden. In abgewandelter Form stoßen wir auf sie als Kurven, welche die Entwicklung und Funktionen oder Fähigkeiten in verschiedenen Alterslagen darstellen.

Wechsler[3] stellt die Kurve der Intelligenzentwicklung dar. Er trägt auf der Abszisse das Lebensalter und auf der Ordinate die Mittelwerte der IQ-Punkte ab. Aus dieser Kurve ist für die ersten 25 Lebensjahre eine Höherentwicklung zu entnehmen; nach dem Erreichen des Kulminationspunktes geht die Kurve in einen langsam abfallenden Ast über.

Bloom[4] kommt über die Berechnung der Korrelation der Intelligenzquotienten der einzelnen Lebensalter zur Intelligenz der Reifezeit zu einer Kurve der Intelligenzentwicklung, welche für die ersten acht Jahre einen steilen Anstieg bringt und dann verflacht.

Indirekt enthalten derartige Darstellungen zugleich eine Wertung, indem mit dem Gesichtspunkt einer Höherentwicklung die Vorstellung verbunden wird, daß diese Tendenz der nach oben führenden Linie zugleich eine Verbesserung enthalte. Ein höherer IQ z. B. wird als besserer IQ bezeichnet.

Fragwürdig wird ein solches Modell, wenn damit die gesamte Individualentwicklung eingefangen und gekennzeichnet werden will. Gehen wir davon aus, daß auch die Wahrnehmung einer solchen Höherentwicklung folge und je nach Lebensalter an einem Punkt der aufsteigenden

Linie zu lokalisieren wäre, so ist die Frage aufzuwerfen, ob ganzheitliches Wahrnehmen, ob Synästhesien tiefer einzuordnen sind als differenziertes Wahrnehmen. Bei experimentellen Untersuchungen an Kindern und Jugendlichen ergab sich, daß Synästhesien und eidetische Phänomene bei ihnen häufiger anzutreffen sind als bei Erwachsenen. Ebenso ist jedoch auch aus Biographien von Künstlern zu entnehmen, daß sie Synästesien und Eidetik bei sich feststellten.

Diese Fakten geben zu bedenken, daß eine Generalisierung des Gesichtspunktes der Höherentwicklung in der Psychologie nicht ohne Gefahr ist, da die Kriterien für eine tiefere oder höhere Einordnung nicht durchweg Absolutheitscharakter haben. Das aus der biologischen Entwicklungstheorie stammende Modell der aufsteigenden Linie kann nicht ohne Einschränkung in der Psychologie übernommen werden.

2. Das Wachstumsmodell

Dieses Modell stammt aus der Botanik und findet die anschaulichste Verdeutlichung in den Jahresringen von Baumstämmen. Solange die Psychologie die menschliche Entwicklung als einen endogen gesteuerten Wachstums- und Reifungsablauf beschrieb, lag es nahe, ein solches Bild aus der Biologie zu übernehmen und zu beschreiben, was in jedem Lebensjahr, in jedem Lebensabschnitt, in einer Phase oder Stufe sich neu entfaltet oder sich weiter entwickelt.

Rilke[5] faßt den Gedankengang des Sichentwickelns wie folgt:

»Ich lebe mein Leben in wachsenden Ringen,
die sich über die Dinge ziehn.
Ich werde den letzten vielleicht nicht vollbringen,
aber versuchen will ich ihn.«

Zunächst liegt in diesem 4-Zeiler das Wachstumsmodell. Der in der zweiten Zeile beschriebene Vorgang des Sichüberdiedingeziehens könnte über das Wachstumsmodell hinausweisen. Hier bleibt die Frage offen, ob mit dem »Sichüberdiedingeziehen« lediglich eine Anpassung des Subjekts an die Dinge gemeint ist oder ob nicht doch der Gedankengang der Einwirkung der Umwelt auf die Entwicklung angedeutet wird. Der Inhalt der dritten und vierten Zeile läßt eine Interpretation zu, nach der die Entwicklung nicht rein wachstumsbedingt, sich an die Umwelt akkomodierend abläuft, sondern auch das Subjekt die Umwelt assimiliert. Piaget[6] stellt heraus, daß im Entwicklungsverlauf sowohl eine Akkomodation des Subjekts an die Umwelt als auch eine Assimilation stattfindet, indem die Umwelt auf das Subjekt organisierend wirkt. In der Äquilibrationstheorie erörtert er diesen Vorgang und formuliert: »Die Übereinstimmung des Denkens mit den Dingen und die Übereinstimmung des Denkens mit sich selber drücken diese doppelinvariante Funktion der An passung und der Organisation aus.« Diese beiden Aspekte des Denkens sind aber untrennbar miteinander verbunden: »In dem sich das Denken den Dingen anpaßt, strukturiert es sich selbst und, indem es sich selbst strukturiert, strukturiert es auch die Dinge.«

Das Jahresringmodell ist aus heutiger Sicht nicht mehr brauchbar zur Veranschaulichung der menschlichen, psychischen Entwicklung, denn diese ist keinesfalls allein durch Wachstum bedingt[7]. Wie die Erforschung der Vorgänge der körperlichen Akzeleration ergibt, lassen sich selbst Wachstum und Geschlechtsreife nicht allein aus endogenen Vorgängen heraus erklären.

3. Schichtmodelle

Die Vorstellung der Schichtung des Seelischen geht bis Plato zurück und ist in der Psychologie immer wieder erneut verwendet worden. Bei der Darstellung der phylogenetischen Entwicklung des Zentralnervensystems wird ebenfalls auf den Schichtaufbau verwiesen.

Von Monakow[8] fand als Gesetzmäßigkeit, daß sich die jüngeren Ausformungen im Gehirn (das Neuhirn) immer deutlicher gegen den Frontalpol hin verschieben und die älteren Partien überlagern.

Auf diese Weise kommt ein hierarchischer Schichtaufbau zustande. Keinesfalls werden jedoch bei den höheren Organismen die »älteren« Schichten ausgeschaltet. Neenzephale Aktivitäten treten zu paläenzephalen Reaktionen hinzu.

Rothacker zieht einen Vergleich zwischen dem Gehirnaufbau und dem Aufbau der Verhaltensweisen des Menschen. »Das Neue tritt zu dem Alten hinzu, wie ein zweites und drittes Stockwerk zum 1. Stockwerk.« Und an anderer Stelle: »Triebregungen, Strebungen, emotionale Wallungen, Vorstellungen, Gedanken, Wollungen, Aufmerksamkeitsakte« fließen aus »verschiedenen Zentren, nämlich verschiedenen Schichten der Gesamtpersönlichkeit«[9]. Nach dem Bilde des Persönlichkeitsaufbaus von Rothacker werden die Tiefenperson und die Personschicht unterschieden. In der Tiefenperson findet sich die Trias von Vitalschicht (biologisch-vegetative Vorgänge), animalischem Es (Triebe und Triebemotionen) und beseelter Tiefenperson (menschlich-emotionale Schicht). Die Personschicht übernimmt die bewußten Steuerungsfunktionen des Ich, welche sich im Denken und Wollen entfaltet.

Wollen wir den Vergleich zwischen der Entwicklung der individuellen Persönlichkeit und dem Aufbau des Gehirns strikt durchführen, so müssen wir das Werden des Menschen analog der Schichtung des Gehirns in der Phylogenie sehen. Der Versuch einer solchen Analogieführung muß die exogenen Determinanten ausklammern. Wie interessant die Gedankengänge der Schichtung auch sein mögen, so vermag ein derartiges Schichtmodell den heutigen Ansätzen der Entwicklungspsychologie nicht viel zu geben, denn wer könnte Rothacker noch zustimmen, wenn er schreibt: »Also da, wo echte Wachstumsprozesse vorliegen, liegen auch echte Entwicklungsprozesse vor. Entwicklung und Wachstum sind dasselbe.«[10]?

In der Tiefenpsychologie findet sich ebenfalls ein Schichtmodell. Aus der Abhebung des Ich vom Es, des Bewußtseins vom Unbewußten[11] spricht eine Zweigliederung. Die Ausbildung des Überichs als einem über den anderen Schichten liegendem Kontrollbewußtsein fügt sich in dieses Schichtmodell ein. Der Entwicklungsgesichtspunkt findet in der psychoanalytischen Konzeption ebenfalls seinen Raum. Das Ich bildet sich aus dem Es. Die Entstehung des Überich kann bis zur oralen Phase zurückverfolgt werden. In der ödipalen Phase wird es zu einem abgehobenen Funktionssystem geprägt, das über dem Es und dem Ich steht. Die tiefenseelische Person behält ihre relative Autonomie.

In der analytischen Psychologie von C. G. Jung ist der Schichtgedanke ebenfalls zu finden. Jacobi[12] stellt »den Gesamtaufbau des total psychischen Systems eines Individuums« im Modell eines Kegels dar, in welchem 5 Schichten von unten nach oben übereinander gelagert sind in folgender Anordnung:

1 = Das Ich
2 = Das Bewußtsein
3 = Das persönl. Unbewußte
4 = Das kollektive Unbewußte
5 = Der nie bewußt zu machende Teil des Unbewußten

Heiss[13] weist darauf hin, daß in einem solchen Persönlichkeitsmodell nicht nur die Schichtaufstufung gesehen werden darf, gemäß welcher die früheren Schichten die höheren Schichten determinieren, sondern, daß darin die Dynamik von Bedeutung wird, welche bewirkt, daß die tieferen Schichten aufgrund ihrer Plastizität im Entwicklungsgang durchstrukturiert werden.

In einer solchen Weise interpretiert, kann die dynamische Prozeßhaftigkeit der Entwicklung durchaus in das analytische Modell eingebracht werden, die Aspekte der modernen Entwicklungspsychologie bestätigen und ihr Spektrum bereichern.

4. Stufen- und Phasenmodelle

Das Modell der Stufenfolge spielte in der Forschung der deutschen Entwicklungspsychologie zwischen 1920 und 1940 eine bedeutende Rolle. Wie sich heute zeigt, gereichte ihr dies nicht immer zu ihrem Vorteile. Es soll nicht verkannt werden, daß in dieser Ära entwicklungspsychologischer Forschung wesentliche Probleme des Kindes- und Jugendalters angegangen und für die Hand des Lehrers wertvolle Beschreibungen des Erlebens und des Verhaltens von Schülern verfaßt wurden. Aber die Einordnung in die Phasen- und Stufen-Modelle brachte auch eine Fixierung mit sich, welche in der deutschen Forschung lange nachwirkte und dadurch eine Hinwendung zur modernen Entwicklungspsychologie erschwerte.

Wie das Schichtmodell seinen Ursprung nicht erst in diesem Jahrhundert hat, so sind auch Vorläufer des Stufenmodells bekannt. Der Maler Johann Michael Voltz (1784–1858) stellt die Naturgesetzlichkeit der

Altersentwicklung in fünf regelmäßig auf- und absteigenden Treppenstufen dar, von denen jede ein Dezennium des Lebens symbolisiert[14].

Bergius[15] eröffnet seine Studie über die Stufeneinteilung mit dem Hinweis, daß nach Shakespeare der Mensch seine Lebensrolle in sieben Akten spielt. Er beginnt als greinendes und sprudelndes Kind in den Armen der Wärterin, setzt seinen Weg als Bube fort, der ungern zur Schule kriecht, hernach spielt er die Rolle des verliebt seufzenden Jünglings, wird dann Soldat, der die Seifenblase Ruhm bis in die Mündung der Kanone sucht, darauf wird er zum Richter mit strengem Blick und regelrechtem Bart, um im sechsten Akt seines Lebens als hagerer, pfeifender und quäkender Pantalon aufzutreten und schließlich als seniler Greis, ohn' Augen, ohne Zahn, sich in der letzten Rolle zu verkörpern. *Fröbel* mißt in seiner Pädagogik den Altersstufen erhöhte Bedeutung bei und meint, daß der einzelne Mensch die Entwicklungsstufen der ganzen Menschheit verkürzt durchlaufe. Die volle Entfaltung auf jeder Stufe sei die Voraussetzung für die Erreichung der nächsthöheren Stufe[16].

In der deutschsprachigen wissenschaftlichen Psychologie lassen sich eine Reihe von Aufgliederungen des Entwicklungsganges finden, die Bergius dargestellt hat[17]. Einige davon sollen als Paradigma dienen. *Kroh*[18] unterteilt den Entwicklungsgang in Stufen und Phasen. Jede Stufe ist in drei Phasen gegliedert. Die erste Stufe umfaßt die frühe Kindheit; auf sie folgt die zweite Stufe als die eigentliche oder schulfähige Kindheit. Die Reifezeit wird als dritte Stufe in das System eingeordnet, so daß sich das folgende Bild ergibt:

I. Stufe Frühe Kindheit:	1. Phase:	Von der Geburt bis zum Ende des 2. Lebensmonats (bis zum ersten Wiederlächeln). Entfaltung der biologischen Funktionen der Erhaltung.
	2. Phase:	Ungefähr vom 3. bis zum 12. Lebensmonat Hinwendung zur Umwelt, gefühlsmäßig gesteuerte Kontaktaufnahme.
	3. Phase:	Etwa vom Beginn des 2. Lebensjahres bis zum 3./4. Lebensjahr Anfänge der praktischen Intelligenz: Gehenlernen und Spracherwerb.

Übergang: Erste Trotzperiode

II. Stufe	
Eigentliche Kindheit (schulfähige Kindheit)	1. Phase: Phantastisch analogisierender Realismus (3.–7. Lebensjahr)
	2. Phase: Naiver Realismus (7.–10. Lebensjahr)
	3. Phase: Kritischer Realismus (10.– ungefähr 12. Lebensjahr)

Übergang: Zweite Trotzperiode

III. Stufe	1. Phase: Introversion und emotionale Beunruhigung
Reifezeit	2. Phase: Suche nach festen Einstellungen und Standpunkten, Suchen von Vorbildern, Idealen.
	3. Phase: Erneute Extraversion: Hineinwachsen in die Lebensform des Erwachsenen.

Busemanns[19] *Phasenmodell* unterscheidet sich davon im Aufbau. Es sieht einen regelmäßigen Wechsel von emotionalen und intentionalen Phasen vor, der den Entwicklungsablauf markiert. Auf jede emotionale Phase folgt eine intentionale, und die intentionale wird wieder durch eine emotionale Phase abgelöst. Krisenzeiten oder Erregungsphasen und Beruhigungsphasen (intentionale Phasen) werden für das Verhalten in der Entwicklung kennzeichnend bis zum Ende der Pubertät und noch darüber hinaus (Studentenkrise).

Moers[20] vergleicht das Leben des Menschen von der Geburt bis zum Tode mit einem Drama:
1. Exposition des Dramas: Entfaltung der Antriebsarten
2. Steigerung: Expansion
3. Höhepunkt: Lebensreife
4. Krisis: Lebenswende
5. Lösung: Alter.

Wie schon erwähnt, hat Bergius[21] eine Zusammenstellung bekannter Stufen- und Phasenlehren vorgenommen. Aus dem Vergleich der einzelnen Konzeptionen wird ersichtlich, daß aus den verschiedenen Unterteilungen keine Einheitlichkeit, sondern eine recht »mannigfaltige Verschiedenheit« spricht. Aus einer Untersuchung Osterrieths[22] über Gleichheit und Abweichung von 18 Einteilungen des Entwicklungsganges resultiert, daß man darin häufig vergebens nach einer durchgängigen Struktur innerhalb der einzelnen Stufen- und Phasen-Systeme sucht. Oft bringen die einzelnen Stufenlehren nur eine Aufreihung von unterschiedlichen Verhaltensorganisationen und sind nur ein »Sammelbecken für zusammenhanglose Beschreibung von Verhaltensweisen«. Hinter den oft beinahe genormt anmutenden Einteilungen steht der Gedanke, daß sich Entwicklung gemäß einem immanenten Bauplan vollzieht und daß die sich abzeichnenden Stufen und Phasen der kennzeichnende Ausdruck dieser endogenen Steuerung der Entwicklung sind. Insgesamt zielte die Forschung immer wieder darauf ab, generelle Merkmale des Verhaltens in einzelnen Entwicklungsstufen aufzuspüren. Dabei wurde oft vergessen, die gesamte Breite der Verhaltensorganisationen mit den Abweichungen festzustellen. Daß in gleichen Entwicklungsaltern unterschiedliche Lebens- und Verhaltensweisen registriert werden können, hat Mead[23] dargelegt. Sie weist nach, daß die in unserer Kultur als Pubertätsauflehnung beschriebenen Phänomene (2. Trotzperiode, Flegelalter, negative Phase) unter anderen Umweltbedingungen nicht in Erscheinung treten. Es ist auffällig, daß die anglo-amerikanische Literatur der Psychologie kaum Stufen- und Phasenlehren kennt. Die deutsche entwicklungspsychologische Forschung war stark auf Schule und Erziehung ausgerichtet. Das fand seinen Niederschlag in den Stufen- und Phaseneinteilungen, welche zum Teil eine Bestätigung der vorhandenen Schulgliederung brachten (Psychologie des Grundschulkindes, Psychologie der Oberstufe).

Da die kennzeichnenden Aspekte für eine Unterteilung des Entwicklungsablaufs verschieden sein können, ist es durchaus möglich, daß ein schon vorhandenes äußeres System (etwa das Schulsystem) in die Forschungen einging und im Sinne eines Pygmalion-Effekts in den Forschungsergebnissen seinen Niederschlag fand. Zumal der schulische Werdegang eines Kindes in vielen abendländischen Kulturländern gleich oder ähnlich ist, so daß zu bestimmten Zeitpunkten die ähnlichen Umwelteinwirkungen erfolgen[24]. Eine endgültige Beurteilung der verschiedenen Stufen- und Phasenlehren wird erst nach dem Abschluß diverser Längsschnittstudien möglich sein. So viel ist bereits evident, daß die große Bedeutung, welche den Stufen- und Phasenlehren in der kontinentalen Forschung beibemessen wurde, nicht gerechtfertigt ist.

5. Periodik, Wiederholung, Spiralenmodell

Die Theorie Busemanns mit der regelhaften Abfolge von Erregungs- und Beruhigungsphasen leitet über zur Frage nach der Periodik im Entwicklungsgeschehen und nach einem Modell, das hierfür kennzeichnend wird.

Ein umfassender Ausgriff könnte hier an biologische Perioden und an die allgemeine Lebensrhythmik bei Pflanze, Tier und Mensch anknüpfen. Lehr[25] beginnt ihre Abhandlung über »Entwicklung und Periodizität« mit einer solchen Einleitung und bringt weitere Beispiele zum Modell der Periodik.

Van Scheltema[26] versuchte eine Parallele zum biogenetischen Grundgesetz zu ziehen und ein Gesetz der geistigen Wiederholung zu postulieren, wonach das Individuum in seiner psychischen Entwicklung die Entwicklung der Gattung Mensch nochmals in verkürzter Form durchläuft. Hiernach würde etwa der Entwicklungsstatus eines Kindes im 2. und 3. Lebensjahr eine verkürzte Wiederholung des Entwicklungsganges des Menschen in der diluvialen, altsteinzeitlichen Jägerkultur des Alt- und Jungpaläolithikums bringen und diese widerspiegeln. Für die heutige entwicklungspsychologische Forschung ist ein solcher Ansatz nicht trächtig und ist dem Bereich interessanter, vielleicht auch geistvoller Gedankenspiele zuzuordnen.

Bei der Registrierung körperlicher Wachstumsvorgänge beim Menschen fand Stratz[27], daß das Wachstum nicht kontinuierlich verläuft. Es zeichnen sich Perioden ab, in denen Zeiten stärkerer Längenwachstums mit Zeiten vermehrter Gewichtszunahme abwechseln. An die Zeit der Fülle zwischen dem 2. und 4. Lebensjahr fügt sich zwischen dem 5. und 7. Lebensjahr eine Periode der Streckung; daran wieder ein Abschnitt vermehrter Gewichtszunahme zwischen dem 8. und dem 10. Lebensjahr. Zwischen dem 11. und 15. Lebensjahr tritt wieder eine Spanne verstärkten Längenwachstums auf, an welche sich zwischen dem 16. und 20. Lebensjahr wieder ein Abschnitt vermehrten Breitenwachstums anschließt. Hier zeichnet sich in der Tat ein Bild regelmäßiger Periodenfolge ab, vergleichbar mit der Darstellung Busemanns, in welcher sich emotionale und intentionale Phasen ablösen. Im psychischen Bereich hätte das Bild folgende Kontur: »Jedenfalls aber ist kein Zweifel, daß in den emotionalen Phasen in großen Linien ein und dieselbe Gesamthaltung der Persönlichkeit wiederkehrt, wechselnd mit einer entgegengesetzt gearteten, aber ebenfalls immer wiederkehrend.[28]« Auch hier liegt das Grundkonzept einer Wiederholung in periodischer Folge zugrunde. In den Bezeichnungen mancher Entwicklungsabschnitte drückt sich bereits der Gedanke der Wiederholung aus: Erster und zweiter Gestaltwandel, 1. und 2. Trotzperiode, kleine und eigentliche Pubertät.

Gesell[29] spricht von einer Wiederkehr gleicher oder ähnlicher Verhaltensmuster in der Entwicklung von Kindern und Jugendlichen und belegt dies durch die Beschreibung von Patterns of behavior, die in verschiedenen Lebensaltern auftauchen. Hier wird von zyklischer Wiederkehr gesprochen und damit die Gegebenheit der Wiederholung im Entwicklungsgang unterstrichen. »Kein Zustand ist dauerhaft, aber er kehrt periodisch wieder.« Darüber hinaus schält sich bei den Forschungen Gesells die im ständigen Umgang mit Kindern gewonnen wurden, das Prinzip der Entwicklungsrichtung heraus. Es lassen sich in der Entwicklung von Funktionen und von Erlebens- und Verhaltensweisen Hauptrichtungen erkennen, insgesamt aber zeichnet sich in Kindheit und Jugend eine aufsteigende Entwicklungslinie, in dem sich ausformenden »Netz von Verhaltensweisen«, »für die aufstrebende Pyramide der Persönlichkeit« ab.

Der Aspekt der Wiederholung kann im Modell der Spirale seinen Ausdruck finden. In ihm gibt sich die Möglichkeit zu erkennen, daß ein Verhaltensmuster in ähnlicher Form an einem andern Ort des zeitlichen Kontinuums auftaucht.

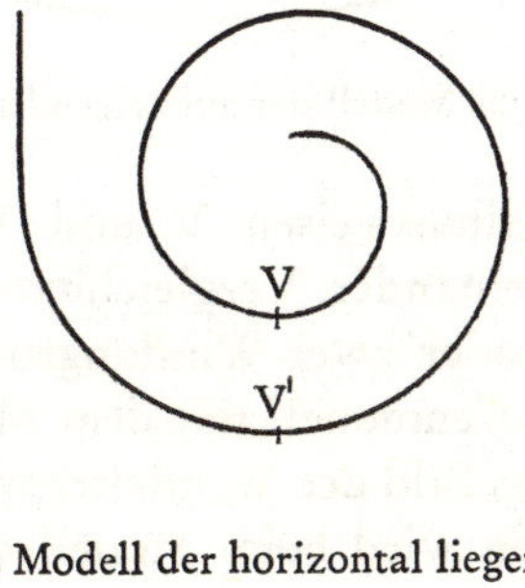

Abb. 1: Das Modell der horizontal liegenden Spirale

Denken wir uns die Spirale horizontal liegend, so können V und V' ähnliche Verhaltensmuster sein, die an unterschiedlichen Orten einzutragen sind. Sie liegen jedoch an vergleichbaren Punkten der Spirale. Dadurch kann auch augenscheinlich gemacht werden, daß die Verhaltensmuster jeweils in einer durch die Entwicklung gewandelten Umgebung personeller Strukturen stehen oder in solche eingebettet sind. »Was sich als Wiederkehr oder als Wiederholung aufdrängt, ist bei genauer Kenntnisnahme mehr oder weniger bereits abgewandelte Erscheinung und zwar sowohl durch die Zeit- und Weltumstände, als auch durch die Andersartigkeit zu sich selbst ... Ereignet sich eine Wiederholung, haftet ihr trotzdem Einmaligkeit an[30].«

Es wurde schon erwähnt, daß bei Gesell das Merkmal der Höherentwicklung mit ins Spiel gebracht wird, denn jede Wiederholung (in veränderter Form) bedeutet »ein höheres Reifestadium«[31]. Wenn diese Konzeption ihre Verwirklichung in einem Modell finden soll, so kann dies im Modell der aufsteigenden Spirale erfolgen.

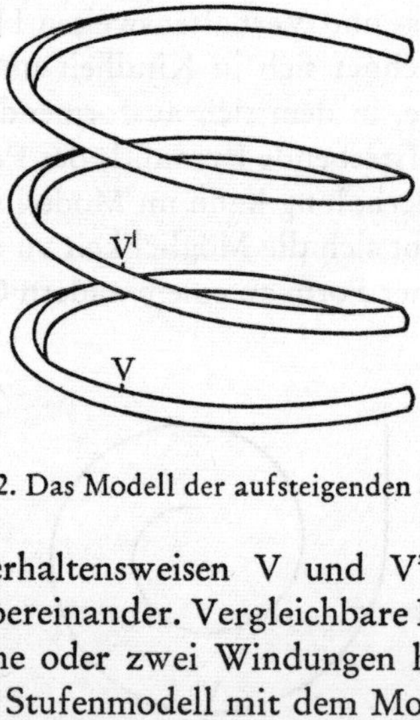

Abb. 2. Das Modell der aufsteigenden Spirale

Wiederkehrende Verhaltensweisen V und V' liegen in einem solchen Spiralenmodell übereinander. Vergleichbare Entwicklungsabschnitte würden jeweils um eine oder zwei Windungen höher oder tiefer angeordnet sein. Wenn das Stufenmodell mit dem Modell der Spirale gekoppelt wird, so ergibt sich das Bild der Wendeltreppe.

Eine kritische Reflexion wird beim Modell der Spirale zu der Frage führen, ob alle Entwicklung wirklich Höherentwicklung ist (siehe S. 100 f.). Der zweite Einwand gegenüber diesem Modell liegt im Fixiertsein des Entwicklungsverlaufes in einer gezirkelten Spirale. Darin ist ausgedrückt, daß die Entwicklung letzten Endes durch einen immanenten Bauplan determiniert ist und daß das Individuum gemäß diesem wächst und ausreift. Der freie Raum für die Möglichkeiten der Einwirkung der Umwelt wird damit nicht erfaßt und wird nicht betont.

6. Die Frage nach neuen Modellen

Nach dem Bemühen, einige kennzeichnende Entwicklungsmodelle darzustellen, wird die Frage relevant, ob der Entwurf eines Modells möglich erscheint, das den Erkenntnissen der modernen Entwicklungspsychologie Rechnung trägt, sich von den Wachstums- und Reifungsmodellen abhebt und der Bedeutung der soziokulturellen Determinanten gerecht wird.

Beim Durchdenken der sich anbietenden Möglichkeiten befällt uns Skepsis. Wir müssen feststellen, daß sich kein Modell zeigt, in welches sich die neueren Forschungsergebnisse im ganzen einbauen und diese sichtbar werden lassen. Wachstums- und Reifungsvorgänge können verhältnismäßig einfach skizziert werden. Im Vergleich dazu lassen sich die Auswirkungen der Umweltdeterminanten viel schwieriger mit einem Bild einfangen, weil diese selbst kaum darzustellen sind, und eine Reihe der Variablen als intervenierende Variable anonym wirken. Wir denken dabei etwa an tiefenpsychologisch wirksame Komponenten. Außerdem ist es schwer, einen solchen komplexen Prozeß wie es die Entwicklung aus heutiger Sicht darstellt, in einem Modell darzustellen, denn kennzeichnend für die Entwicklung ist und bleibt die Prozeßhaftigkeit und damit die Dynamik. Beide Kennzeichen aber lassen sich nur schwer in ein statisches Bild einbringen.

Aus dem derzeitigen Forschungsstand resultiert, daß es kein Modell gibt, das geeignet ist, die Ganzheit des Entwicklungsgeschehens ikonisch zu verdeutlichen. Es können wohl einzelne Aspekte herausgegriffen und visuell eingefangen werden. Die Grundgedanken Maslows[32] wurden bereits an anderem Orte beschrieben. Er stellt den Entwicklungsgang als »Aufeinanderfolge von wellenförmigen Aufgipfelungen« dar[33].

Abb. 3. Schematische Darstellung der fortlaufenden Veränderung in der relativen Bedeutsamkeit der fünf Haupt-Bedürfnisklassen, die von Maslow beschrieben wurden.

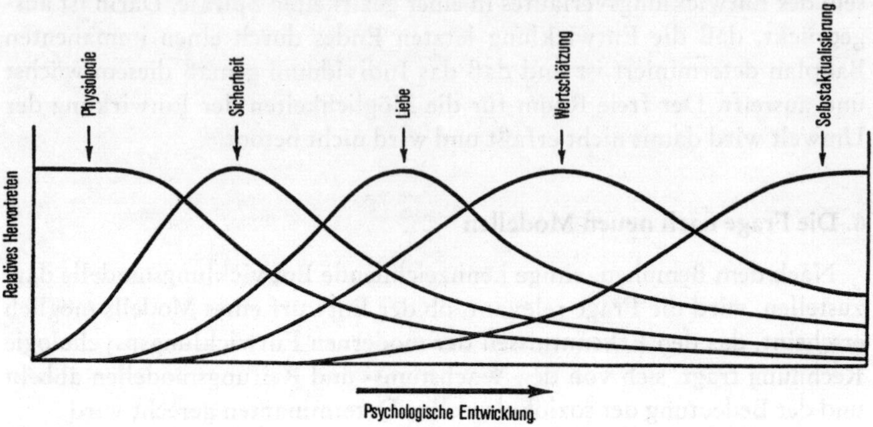

Aus: Krech und Crutchfield: Grundlagen der Psychologie, Bd. I, Weinheim/Berlin 1968, S. 416.

Mit Hilfe der eingezeichneten Pfeile wird demonstriert, daß die Höhe der Aufgipfelungen nicht durch immanente Steuerung vorbestimmt ist, sondern daß sie durch Umwelt und Erziehungseinflüsse maßgeblich ausgeformt werden. Je nach der Art und der Intensität der Milieueinwirkungen werden die Kurven gedrückt oder erhöht gestaltet sein. Die Ordinatenhöhe ist nicht festgelegt, sondern wird in der Dynamik des Entwicklungsprozesses bestimmt. Die Kurven brauchen auch keinesfalls so regelmäßig verlaufen, wie sie abgebildet sind. Im Verlauf der Entwicklung tritt, wie aus diesem Modell ersichtlich ist, eine Verschiebung der Bedeutung der einzelnen Bedürfnisse ein. Die Befriedigung der physiologischen Bedürfnisse (Beispiel: Hunger, Durst) bietet die Voraussetzung für die Ausformung der Sicherheitsbedürfnisse (Stabilität, Ordnung usw.). Dabei ist wieder zu betonen, daß das Weiterschreiten zur nächsten Bedürfnissparte nicht endogen vorbestimmt, sondern verschiebbar ist. Die Zufriedenstellung der einzelnen Bedürfnisse wird zur Voraussetzung für die weiteren Entwicklungsschritte. Sie verlieren zwar nach der Überschreitung des Gipfelpunktes an sichtbarer Bedeutung, klingen jedoch nicht vollkommen ab, sondern bleiben (weniger vordergründig) im Gesamtgefüge wirksam und werden in die Gesamtpersönlichkeitsstruktur eingegliedert.

Ein Gesamtmodell der Entwicklung würde mehrere Reihen von solchen zusammenhängenden Entwicklungskurven enthalten. In den einzelnen Reihen können die Anzahl, die Übergänge und die Ausgestaltung der einzelnen wellenförmigen Kurven unterschiedlich sein und brauchen nicht konvergent zu verlaufen. Nehmen wir auf der Basis der Forschung von Piaget[34] die Intelligenzentwicklung als Beispiel, so könnte versucht werden, auch sie in einem derartigen Entwicklungsgang aufzuzeigen, in welchem die sensumotorische Intelligenz am Anfang steht, sich das symbolische und vorbegriffliche Denken anschließt, welchem das anschauliche Denken folgt, das zur konkreten Operation weiterzieht und schließlich von der formalen Operation abgelöst wird. Auch bei der Intelligenzentwicklung fußt die nachfolgende Ausformung auf der vorhergehenden und die gesamte Entwicklung steht in hierarchischem Aufbau. Niveau und qualitative Ausgestaltung der einzelnen Etappen sind stark durch Umwelteinwirkung bestimmt. Das Weiterschreiten von einer zur nächsten Verwirklichung ist in genetischer Folge zu sehen, jedoch im Entwicklungsgang nicht absolut fixiert. Es sind zeitliche Verschiebungen durch entsprechende Umweltstimulation möglich. Bei der Entwicklung der Intelligenz erfolgt schließlich ebenfalls die Integration in ein Gesamtsystem.

Mit solchen Modellen, welche dynamische Prozesse nicht ausschließen, kann die Psychologie einzelne, durch Forschung erhellte Entwicklungslinien darstellen. Soweit durch Längsschnittuntersuchungen die Entwicklung weiterer personeller Verhaltensmerkmale abgeklärt sind, kann versucht werden, auch ihren Entwicklungsgang modellhaft zu veranschaulichen.

Nach der Aufhellung der einzelnen Entwicklungslinien wird eine Untersuchung anzustellen sein, welche nach der Koordination in der Entwicklung der einzelnen Verhaltensorganisationen fragt. Wenn Maslow bei der Entwicklung die Selbstaktualisierung auf das Erfordernis der Befriedigung der physiologischen Bedürfnisse am Anfang der Entwicklungslinie hinweist und die gesamte weitere Entwicklung bis zur Selbstaktualisierung darauf aufbaut, so liegt es durchaus im Bereich des Möglichen, daß andere Entwicklungslinien ebenfalls bis zur Befriedigung der physiologischen Bedürfnisse und der Sicherheitsbedürfnisse zurückgeführt werden können. Auf diese Weise kann vielleicht in der Zukunft ein umfassendes Modell erstellt werden.

Bei einem Individuum werden nicht alle Persönlichkeitsmerkmale während des Entwicklungsganges in gleichem Maße gefordert und gefördert. Es erfolgt eine unterschiedliche Ausprägung der einzelnen Teilstrukturen. Der Entwurf eines Gesamtmodells der Entwicklung aus der Sicht der modernen Entwicklungspsychologie wird deshalb kein geglättetes, abgezirkeltes Schaubild anbieten, sondern den unterschiedlichen Ausformungen der einzelnen Teilstrukturen gerecht werden. Er könnte im Querschnitt folgendermaßen aussehen:

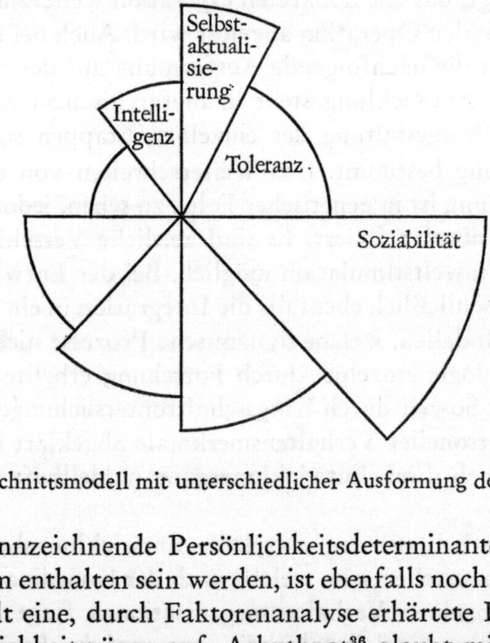

Abb. 4. Querschnittsmodell mit unterschiedlicher Ausformung der Teilstrukturen

Wie viel kennzeichnende Persönlichkeitsdeterminanten in einem solchen Diagramm enthalten sein werden, ist ebenfalls noch nicht geklärt. *Cattel*[35] stellt eine, durch Faktorenanalyse erhärtete Liste von 12 primären Persönlichkeitszügen auf. Arbuthnot[36] glaubt mit 8 solchen Persönlichkeitszügen ein Profil aufzeichnen zu können. Er nennt: Intelligenz, Wortflüssigkeit, Dominanz, Selbsteinsicht, Toleranz, emotionale Ausdrucksbereitschaft, Konventionalität, soziale Extraversion. Maslow[37] hat bei seiner Untersuchung von Persönlichkeiten, die durch ein hohes Maß der Selbstaktualisierung gekennzeichnet sind, 15 wesentliche Eigenschaften als kennzeichnend gefunden. (Siehe Kapitel III, S. 82)

Die künftige, entwicklungspsychologische Forschung kann fruchtbar werden, wenn es gelingt, aufgrund von Längsschnittuntersuchungen und Querschnittskontrollen die einzelnen, sich differenzierenden Entwicklungslinien klar zu legen, wie dies am Beispiel der Selbstaktualisierung und der Intelligenz in diesem Kapitel demonstriert wurde. In der Folge kann versucht werden, die Entwicklung der kennzeichnenden Verhaltensorganisationen, deren Koordination sowie deren Integration in die Gesamtpersönlichkeitsstruktur im Entwicklungsverlauf zu erhellen. Ein weites, offenes Feld!

Die Diskussion der Entwicklungsmodelle führt weiter zur Frage der Forschungsmethoden.

Literatur zu Kapitel V

1 Thomae, H.: Entwicklungsbegriff und Entwicklungstheorie, in Handbuch der Psychol., Band III, Göttingen 1959, S. 13 ff.

2 Leisegang, H.: Denkformen, Berlin 1951.

3 Wechsler, D.: Die Messung der Intelligenz Erwachsener, New York 1955, S. 39.

4 Bloom, B. J.: Stabilität und Veränderung menschlicher Merkmale, Weinheim/Berlin/Basel 1971, S. 65.

5 Rilke, R. M.: Stundenbuch, Bd. I, Werke in drei Bänden, Frankfurt 1966.

6 Piaget, J.: Das Erwachen der Intelligenz beim Kinde, Stuttgart 1969, S. 18.

7 Nickel, H.: Entwicklungspsychologie des Kindes- und Jugendalters, Bern/Stuttgart/Wien 1972, S. 52-58.

8 Monakow, v., C. und Mourgue R.: Introduction biologique à l'étude de la neurologie, Paris 1928.

9 Rothacker, E.: Die Schichten der Persönlichkeit, Bonn 1965[6]

10 Rothacker, E.: a.a.O., S. 4.

11 Freud, S.: Das Ich und das Es, 1923, in: Gesammelte Werke, hrsg. v. Freud, Anna u. a. (18 Bde), London 1948 ff.

12 Jacobi, J.: Die Psychologie von C. G. Jung, Zürich/Stuttg. 1959, S. 48.

13 Heiss, R.: Allgemeine Tiefenpsychologie. Methoden, Probleme, Ergebnisse, Bern 1956, S. 218 ff.

14 Müller-Freienfels, R.: Menschenkenntnis und Menschenbehandlung, Berlin 1940, S. 328.

15 Bergius, R.: Entwicklung als Stufenfolge, in: Hdbch. der Psychologie, Göttingen 1959, Bd. 3, S. 104 ff.

16 Fröbel, Fr.: Ausgewählte Schriften, hrsg. v. Hoffmann E., Berlin 1951, S. 27 ff.

[17] Bergius, R.: a.a.O., S. 104 ff.
[18] Kroh, O.: Psychologie des Grundschulkindes, Langensalza 1928.
[19] Busemann, A.: Krisenjahre im Ablauf der menschlichen Jugend, Ratingen 1953.
[20] Moers, M.: Die Entwicklungsphasen des menschlichen Lebens, Ratingen 1953.
[21] Bergius, R.: a.a.O., S. 104 ff.
[22] Osterrieth, P.; Piaget J. u. a.: Le problème des stades en psychologie de l'enfant, Paris 1956, S. 43 ff., zitiert nach Bergius R.: a.a.O., S. 123.
[23] Mead M.: Jugend und Sexualität in primitiven Gesellschaften, München 1970.
[24] Zazzo, R.: Stages of psychological development of the child, London 1956, zitiert nach Bergius R.: Entwicklungskrisen bei Kindern und Jugendlichen, Schulwarte, Stuttgart 4/1969, S. 254.
[25] Lehr, U.: Entwicklung und Periodizität, in: Hdbch. der Psychologie, Bd. 3, S. 196 ff., dort sind auch weitere ausführliche Beiträge zu finden.
[26] v. Scheltema, Fr. A.: Die geistige Wiederholung, Bern 1954.
[27] Stratz, C. H.: Der Körper des Kindes und seine Pflege, Stuttgart 1923.
[28] Busemann, A.: Krisenjahre im Ablauf der menschlichen Jugend, Ratingen 1953.
[29] Gesell, A.: The ontogenesis of infant behavior. In: Carmichael, L.: Manual of Child Psychologie, New York/London 1949.
[30] Fankenhauser, G.: Das Entwicklungsmodell der Spirale und die Jugendentwicklung, Bern 1962, S. 13.
[31] Gesell, A.: a.a.O.
[32] Maslow, A. H.: Motivation and personality, New York 1954.
[33] Krech und Crutchfield: Grundlagen der Psychologie, Bd. I, Weinheim, Berlin 1968, S. 416.
[34] Piaget J.: Psychologie der Intelligenz, Olten 1971.
[35] Cattel, R. B.: Description and measurement of personality, World Book Co., 1946.
[36] Arbutnoth – zit. nach: Krech und Crutchfield: a.a.O., S. 390.
[37] Maslow, A. H.: Motivation and personality, New York 1954.

VI. Forschungsmethoden der Entwicklungspsychologie

Wir schlossen uns Thomae an, der Entwicklung definiert »als Reihe von miteinander zusammenhängenden Veränderungen, die bestimmten Orten des zeitlichen Kontinuums eines individuellen Lebenslaufs zuzuordnen sind«[1]. Worin aber liegen Ziele und Aufgaben entwicklungspsychologischer Forschung?

Entwicklungspsychologische Forschung versucht Gesetzmäßigkeiten aufzuspüren, gemäß welchen die Veränderungen ablaufen und versucht Gesetzmäßigkeiten aufzufinden, die auf die Ursachen dieser Veränderungen schließen lassen, um zu einer Theorie der Entwicklung zu kommen. Wenn eine solche Theorie der Entwicklung verifiziert werden kann, so resultieren daraus Erkenntnisse, welche zusammenhängende Einblicke gewähren. Außerdem liefert eine Theorie der Entwicklung Erkenntnisse für diejenigen angewandten Bereiche, die es mit den in der Entwicklung stehenden Individuen zu tun haben (Psychagogik, Psychotherapie, Pädagogik, Heilpädagogik, Berufsberatung, Gerontologie usw.).

Die Veränderungen, welche für die Entwicklung kennzeichnend sind, erfolgen nicht abrupt in Mikro-Zeiteinheiten. Sie zeichnen sich in mehr oder minder langen Zeiträumen ab. Der Vorgang der Veränderung als solcher läßt sich nicht unmittelbar registrieren, sondern auf dem Wege über die Verhaltensweisen. Möglich ist zum Beispiel die Feststellung einer bestimmten Aktivität im Zeitpunkt A und im später liegenden Zeitpunkt B. Die in A und B festgehaltenen Fakten ermöglichen einen Vergleich und damit eine Bestimmung der Konsistenz oder der Veränderung. Es muß demnach versucht werden, Reaktionsweisen und Aktivitäten nach Quantität und Qualität an unterschiedlichen Zeitpunkten zu erfassen. Die Bestimmung von Verhaltensmerkmalen an unterschiedlichen Orten des Zeitkontinuums gibt das Fundament ab für die Erforschung der Zusammenhänge. Das Einordnen zusammenhängender Verhaltenssequenzen in den Gesamtentwicklungsgang des Individuums schließt sich als weitere Station an, ehe die Formulierung von Gesetzen erfolgen kann, deren Auswertung und übergreifende Darstellung zu einer allgemeinen Entwicklungstheorie führen soll. Verhaltensmerkmale sind Variable der

Entwicklung, deren Veränderung untersucht werden kann. Wir müssen sie als abhängige Variable bezeichnen, denn sie sind im Zusammenhang mit den Reizkonstellationen zu sehen, die als Eingangsgrößen oder unabhängige Variable fungieren. Beim Herausschälen von Gesetzen ist zu fragen, ob zwischen den Eingangsgrößen (unabhängige Variable) und den abhängigen Variablen (Verhaltensmerkmale) intervenierende Variable liegen, die zunächst nicht beobachtbar und meßbar sind. Eine solche Konstellation wirkt sich dann erschwerend auf das Erkennen von Zusammenhängen aus. Der erste Schritt wissenschaftlichen Vorgehens besteht in der Registrierung von Verhaltensweisen und dem Festhalten der gemessenen Daten, welche an verschiedenen Orten des zeitlichen Kontinuums aufgenommen werden und dadurch einen Vergleich ermöglichen. Auf diese Weise können Konsistenz oder Veränderung eines bestimmten Merkmals über die Zeit hinweg bestimmt werden. Die Psychologie kennt verschiedene Methoden zur Gewinnung von Daten:

1. Die Beobachtung

Die Unterteilung der Beobachtungsmethoden in Selbstbeobachtung und Fremdbeobachtung hat ihren Ursprung im vorwissenschaftlichen Bereich der Psychologie:

Willst du dich selber erkennen, so sieh, wie die andern es treiben;
Willst du die andern versteh'n, blick in dein eigenes Herz! (Schiller)

In der älteren Psychologie wurde häufig die Selbstbeobachtung als der gängigere (teilweise als der einzig mögliche) Weg zur Gewinnung psychologischer Erkenntnisse bezeichnet, denn, so wurde argumentiert, wie soll der Mensch das Erleben eines anderen Menschen verstehen, wenn er nicht die psychischen Vorgänge in sich selbst kennt. Immer wieder aber wurden auch die Grenzen der Introspektion erkannt. Comte[2] negiert die Introspektion vollständig, da sie eine Spaltung des Ich in ein beobachtendes Subjekt und in ein beobachtetes Objekt zur Voraussetzung habe. Die Kritik Kants[3] setzt anders an. Er weist darauf hin, daß das Erleben des Subjekts, das zum Gegenstand der Selbstbeobachtung wird, dadurch nicht mehr in ursprünglicher Weise abläuft, sondern verändert oder zerstört wird. An anderem Ort wird darauf verwiesen, daß die Introspektion psychischer Vorgänge nicht gleichzeitig mit deren Ablauf erfolgen kann, sondern daß sie lediglich sukzessive möglich ist. Dadurch wird die Introspektion retrospektiv und damit fehlerhaft[4]. Aus heutiger Sicht spielt die Selbstbeobachtung eine unbedeutende Rolle. Sie kann bei einigen Forschungsvorhaben zusätzlich zu anderen Methoden als Ergänzung eingesetzt werden. Die Objektivität der gefundenen Ergebnisse kann immer angefochten werden. In der Kinderpsychologie ist sie nicht anwendbar, Jugendliche finden es meist schwierig, ihr inneres Erleben zu beobachten und zu schildern, da häufig das Vokabular und die Kategorien dafür fehlen.

Die freie Beobachtung. Eltern schreiben des öfteren in Tagebüchern über die Entwicklung ihre Kinder. Sie halten darin ihre Gelegenheitsbeobachtungen fest und registrieren darin häufig die Zeitpunkte des ersten Auftretens von Verhaltens- und Erlebnisweisen und von Äußerungen. *Thomae* weist darauf hin, daß die Problematik solcher Gelegenheitsbeobachtungen »in der leichten Umdeutbarkeit in Richtung einer bestimmten Vorausnahme« liegt[5]. Außerdem haftet solchen Aufzeichnungen der Charakter des Zufälligen an. Sie beziehen sich meist auf recht unterschiedliche Verhaltensmuster und können deshalb nur schwer exakte Aussagen über die Veränderung im Zeitkontinuum abgeben. Wenn Tagebuchaufzeichnungen sich auf ein und dasselbe Verhaltensmerkmal beziehen, sind die Zeitintervalle zwischen den einzelnen Registrierungen meist zufällig und damit zum Vergleich und zum Suchen von Gesetzmäßigkeiten und zur Theoriebildung wenig brauchbar.

Die gezielte Beobachtung. Psychisches ist nicht direkt faßbar, sondern muß auf dem Wege über das Verhalten erforscht werden. Am Beginn des Forschungsaktes steht ein Problem oder eine Aufgabe, welche zum Problem wird. Wenn die moderne Mathematik die Entwicklung kognitiver Strukturen fördern will, so stellt sich die Frage, in welcher Weise sich beim Kinde derartige Strukturen entwickeln. Aus solchen Fragestellungen erfolgt eine erste weite Hypothesenbildung, unter Umständen stehen auch mehrere Alternativhypothesen nebeneinander. Ihre Verifizierung oder Falsifizierung kann durch gezielte Beobachtung angegangen werden, wobei zuerst Vorversuche (pilot-studies) erforderlich sind, um zur Ausarbeitung einer systematischen Beobachtungsplanung zu kommen, welche in den Hauptversuchen zur Anwendung gelangt. Die Wahl der Form der Beobachtung erfolgt im Bezug zu den anzugehenden Problemen und zur Hypothesenbildung. Einige Varianten der gezielten Beobachtung seien erwähnt.

Innerhalb eines Zeitabschnitts von Stunden oder Tagen werden sämtliche sicht- und erkennbare Verhaltensweisen von einem oder mehreren Individuen durch eine Gruppe von Beobachtern festgehalten. Dieses Verfahren führt zu einer ergiebigen Liste mit der Aufzählung aller möglichen Verhaltensmuster in einem begrenzten Zeitabschnitt.

In anderem Falle erfolgen die Beobachtungen in bestimmten, festgelegten Zeitintervallen, um zu gezielt angegangenen Ergebnissen zu gelangen (fraktionierte Form der Beobachtung). Die Länge der jeweiligen Beobachtungszeit und die Spanne der Zwischenräume richtet sich nach dem Forschungsgegenstand und ist abhängig von der Anzahl der Versuchspersonen und von dem Alter sowie von der Zahl der zur Verfügung stehenden Beobachter. So wie Variationen im zeitlichen Ansatz der Beobachtung und hinsichtlich der Zahl der Versuchspersonen möglich sind, gibt es auch Varianten in bezug auf die Zahl der Beobachter. Zu beachtenswerten Ergebnissen führten die Untersuchungen von Barker und Wright, deren umfassende Beobachtungen durch einen Stab von Mitarbeitern über mehrere Tage in der natürlichen Lebenssituation des Probanden durchgeführt wurden[6].

Eine spezifische Bedeutung hat die klinische Methode im Bereich der Entwicklungspsychologie erlangt. Sie fußt auf einer systematischen, gezielten Beobachtung von Reaktionen und Aktivitäten in vorgegebenen Situationen und kann somit Aufschluß geben über die Genese von Verhaltensweisen z. B. von Denkstrukturen. Die Versuchspersonen werden bei einer bestimmten Aktivität beobachtet (Kinder beim Murmelspiel) und befragt, weshalb sie sich gerade so verhalten und welche Erlebnisweisen, Vorstellungen und Gedankenabläufe als Kontext dahinter stehen. In einer Variante werden begrenzte Versuchssituationen geschaffen, in deren Zentrum eine konkrete Aufgabenstellung steht. Der Beobachter gleicht sich dem kindlichen Spontanverhalten an und versucht, vor allen Dingen durch Befragung die Hintergründe und den Stand des Erlebens und der Aktivitäten zu eruieren. Die Untersuchungen Piagets zur Entwicklung kognitiver Strukturen basieren auf dieser Methode, und es ist immer wieder frappierend zu sehen, welche Ansätze für die Versuche von ihm ausgewählt werden und welche Resultate sie zeitigen. Allerdings bedarf es auch einer kritischen Anmerkung zu dieser Methode. Durch die Anpassung des Versuchsleiters an das Verhalten der Versuchsperson und durch eine ebenso mögliche Anpassung von Versuchspersonen (Kindern) an das Verhalten des Versuchsleiters sind sowohl die unabhängigen Variablen (Reiz, Impuls, Frage) als auch die intervenierenden Variablen nicht bei allen Versuchspersonen absolut gleich. Es müssen also Abstriche an der Vergleichbarkeit der Ergebnisse und der Möglichkeit der Generalisierung der Resultate in Kauf genommen werden.

In den Forschungsbereichen der Entwicklungspsychologie nimmt die Beobachtung einen weiten Raum ein. Eine Reihe von Beschreibungen des Verhaltens von Kindern und Jugendlichen auf den verschiedenen Altersstufen bauen auf Beobachtungen auf. Es erscheint deshalb erforderlich, auf die Grenzen und auf mögliche Fehlerquellen hinzuweisen, welche in dieser häufig angewandten Methode liegen. Nicht alle Beobachtungssituationen bieten die Gewähr für ein naturgetreues Verhalten der Versuchspersonen. Im besonderen gilt dies für Kinder und Jugendliche, die sich anders verhalten, wenn sie sich beobachtet fühlen. Es muß daher als Grundsatz gelten, die Beobachtungssituation so natürlich als möglich zu gestalten und dafür Sorge zu tragen, daß die Versuchspersonen nicht irritiert werden. Das ist nicht immer einfach. Durch Kontaktaufnahme mit der Versuchsperson vor den eigentlichen Untersuchungen kann der Irritierungseffekt vermindert werden. Häufig ist es auch ratsam, die Versuchspersonen über Ziel und Zweck der Beobachtungen aufzuklären, um eine Verminderung des Andersverhaltens in der Versuchssituation zu erreichen. In Gruppenuntersuchungen bleibt oft ein Teil der Gruppenmitglieder ohne Beeinflussungseffekt, während andere Gruppenangehörige den Irritierungseffekt nicht abgebaut haben. Wenn in Beobachtungsräumen einseitig durchsichtige Spiegelscheiben (one-way-screens) vorhanden sind, ist von einem dunkleren Nebenraum eine nicht störende Beobachtung möglich. Nicht jeder detaillierte Versuchsablauf läßt sich in solchen Einrichtungen registrieren. Beobachtungsräume mit Fernsehkameras ermöglichen die Übertragung feinster Details auf Bildschirm. Allerdings können dann die Kameras störend wirken.

Der Beobachter ist angehalten, seine Daten so objektiv als möglich festzuhalten. Auf den Halo-Effekt muß besonders verwiesen werden. Sympathie und Antipathie, Einstellungen und Vorurteile sind dazu angetan, Beobachtungsergebnisse in einem veränderten Licht erscheinen zu lassen. Wenn ein Beobachter in den Versuchsresultaten lediglich ein Mittel zum Beweis seiner vorgefaßten Hypothesen sucht und nicht offen genug ist, eine Falsifizierung der Arbeits-Hypothesen anzuerkennen, so kann in der Beobachtung eine Selektion erfolgen, in der nur solche Fakten registriert werden, welche zur Verifizierung vorhandener Hypothesen dienen. Es erfolgt dann unter Umständen eine Überbewertung von Details, welche der Intention des Beobachters entgegenkommen und eine Unterbewertung von Fakten, welche nicht in das vorgefaßte Konzept passen. Auch vorschnelle Generalisierung und zu rasche Abstraktion, ebenso eine zu frühe Bewertung können zu Fehlern führen. Atteslander weist darauf hin, daß in bezug auf die Beobachtung eine Fehlertheorie noch nicht existiert[7].

2. Aufsätze

Zum Methoden-Inventar der entwicklungspsychologischen Forschung zählen die Auswertungen von Aufsätzen, Berichten und Fragebogen. Aufsätze, die eine psychologisch relevante Themenstellung enthalten, werden seit Kroh gestellt. Bei *Thomae*[8] finden sich Ausführungen hierüber. Dort wird unter anderem auf die Untersuchungen aus der Tübinger Schule zum Thema: »Ob ich mit mir zufrieden bin?« und auf diejenigen von Schmeïng zum Thema: »Wem möchtest Du am meisten, wem am wenigsten ähnlich sein?« Busemanns Schrift: »Die Jugend im eigenen Urteil« wird dort ebenso erwähnt wie Kelchners Fragestellung: »Warum wird Schuld bestraft?« und Regnets Thema: »Warum arbeiten wir?« Außerdem finden sich dort Hinweise auf die Methode der Niederschriften zu bestimmten Fragen, die zu Darstellungen der Entwicklung der Wertwelt und des Gewissens geführt haben (Clostermann, Enßlen, Gilen, Kunz, Weigl).

Der augenscheinlichste Vorteil des Stellens und Auswertens von Aufsatzthemen liegt in der Einfachheit des Verfahrens zur Materialgewinnung. Der Aufsatz gilt als wesentlicher Bestandteil des Deutschunterrichts und es läßt sich darin leicht ein psychologisches Thema einschieben. Die Schüler greifen dieses Thema auf, wie sie ein anderes sachbestimmtes oder erlebnisbestimmtes Thema bearbeiten. Dadurch wird ein Befangensein vermieden und es kann zu echter Meinungsäußerung kommen. Nachteile liegen in bewußten verbalen Verzierungen des Inhalts im Einzwängen der Gedanken in einen gewohnten Aufbau und in »darstellungsmäßigen Stereotypien«[10]. Die Techniken der psychologischen Auswertung von Inhalt, Form und Stil sind nicht einfach und noch nicht voll objektiviert. Aus diesen Gründen ist die bereits erwähnte Gefahr vorhanden, daß aus den Niederschriften das ausgelesen wird, was in eine vorgegebene Hypothese sich bedingungslos einfügt, während andere bedeutsame Passagen nicht verwertet werden. Durch standardisierte Themenstellung, auf verschiedene Altersstufen zugeschnitten, mit Anweisungen zur Objektivierung der Auswertung könnte das Verfahren verbessert und ausgebaut werden.

3. Dokumente und ihre Bedeutung

Die Auswertung von Heimberichten, Krankengeschichten, Fürsorge und Jugendgerichtsakten kann Einblicke in den Entwicklungsgang von Kindern und Jugendlichen ermöglichen. Allerdings dürfen solche Dokumente von wissenschaftlicher Sicht aus nicht unkritisch entgegengenommen werden. Die eingefügten Beobachtungen sind meist nicht systematisch und nach Plan erfolgt. Die Berichte fußen zum Teil auf einzelnen Beobachtungsangaben von Erziehern, Lehrern, Fürsorgern, Bewährungshelfern usw. und können subjektiv gefärbt sein. Die Beobachtungen wurden auch häufig nicht von ein und derselben Person vorgenommen und dadurch ist es schwierig, einen Vergleich der Verhaltensmerkmale aus verschiedenen Zeitpunkten durchzuführen. So weit in den Akten Protokolle psychologischer Anamnesen und Testprotokolle abgeheftet sind, können diese als Vergleichsgrundlagen dienen und Hinweise auf eine vorhandene Stabilität oder auf das Ausmaß der Veränderungen über eine bestimmte Zeitspanne hinweg abgeben. In den USA., wo der schulpsychologische Beratungsdienst erheblich besser ausgebaut ist als in der Bundesrepublik Deutschland, liegen in den Schulen psychologische Berichte mit Testunterlagen und Lehrerurteilen vor. Diese wurden zu verschiedenen Zeitpunkten im individuellen Schulwerdegang der einzelnen Schüler angefertigt. Sie enthalten Intelligenz-Tests und ausgewertete Schulleistungstests und können als objektive Markierungen an verschiedenen Orten des zeitlichen Kontinuums im einzelnen Lebenslauf bezeichnet werden.

In Tagebüchern und Autobiographien sind persönliche Einträge zu finden, die zur Auswertung verlocken, da darin oft auch Gefühle und Erlebnisse niedergeschrieben sind, die sonst nicht preisgegeben werden. Bei Abegg, Ch. Bühler, Fischer u. Spranger finden sich Tagebuch-Einträge als Belegstellen für psychische Erlebens- und Verhaltensweisen. Küppers[11] hat Tagebücher der Mädchengenerationen nach dem 1. und dem 2. Weltkrieg gesammelt, einem Vergleich unterzogen und aus den Niederschriften Konstanz und Wandel im jugendlichen Erleben aufgezeigt.

Bei der Durchsicht solcher Dokumente muß im Auge behalten werden, daß sie als rein subjektive Aussagen zu verstehen sind und daß die zur psychologischen Auswertung zur Verfügung gestellten Tagebücher und Autobiographien keinesfalls eine repräsentative Auswahl verkörpern und an Bedeutung verlieren, wenn angestrebt wird, allgemein gültige Aussagen zu machen.

4. Fragebogenmethode

Mit Hilfe von Fragebogen kann ein zu eruierendes Feld direkter angegangen werden, als es in Aufsätzen oder durch Dokumentenauswertung geschehen kann. Der Aufbau von Fragebogen bedarf der Reflexion. Vorversuche (pilot-studies) sind unerläßlich. Zur Vermeidung massiver Fehler gibt Atteslander[12] folgende Momente an, die in der Probebefragung abgeklärt werden sollen:

Sind die Fragen richtig verstanden worden?
Sind die verwendeten Ausdrücke eindeutig?
Bedeuten sie für alle dasselbe?

Sind die Alternativen klar, genügend differenziert, vollständig und ausgewogen?

Wurden suggestive Einwirkungen ausgeschlossen?

Funktionieren die Kontrollfragen richtig?

Sind die verwendeten Listen, Karten, Bilder u. a. m. geeignet?

Als allgemeine Regeln für den Aufbau von Fragebogen werden angeführt: Die Fragen sind in einer für den Befragten erkennbaren Logik anzuordnen. Ein trichterförmiges Vorgehen (»funnel approach«) führt von allgemeinen zu spezifischen Fragen. Fragen, welche das Interesse des Befragten zu wecken mögen, werden an den Anfang gestellt. Die herausfordernden oder heiklen Fragen werden gegen den Schluß des Fragebogens eingebaut[13]. Wo eine Gruppen-Anordnung von Fragen möglich ist, soll sie durchgeführt werden, dabei werden Items, welche in inhaltlichem Zusammenhang stehen, in logischer Ordnung aufgereiht. Der gute Fragebogen soll im Wortschatz und in der sprachlichen Formulierung auf den Kreis der Versuchspersonen zugeschnitten sein, den er ansprechen will. Das ist dann nicht einfach, wenn mit ein- und denselben Fragebogen Personen aus unterschiedlichen sozialen Schichten und mit stark divergierendem Sprachschatz angegangen werden. In der entwicklungspsychologischen Forschung richtet sich in einem solchen Falle der in den Fragebogen verwendete Sprachgebrauch nach den unteren sozialen Schichten; zumindest müssen für Versuchspersonen aus diesen Schichten Erklärungen eingebaut sein, so daß die Fragen verstanden werden. Eine Revision einzelner Items kann sich nach den Vorversuchen als notwendig erweisen, wenn sich zeigt, daß für einzelne Gruppen die Fragen sprachlich nicht richtig ausgebracht waren. In ähnlicher Weise ist bezüglich des Informations-Niveaus zu verfahren. Auch hier würde bei Untersuchungen, welche eine inhomogene Population ansprechen, auf den Verständnishorizont von Personen mit geringen Vorkenntnissen Rücksicht genommen werden, so daß die Fragen beantwortet werden können. Die Vorversuche müssen wiederum Auskunft geben, ob das Informationsniveau getroffen wurde und ob die Fragen hinsichtlich des Bezugssystems der Versuchspersonen richtig liegen. Die gestellten Fragen werden von jeder Versuchsperson gemäß der vorhandenen Erfahrung und gemäß der eigenen Werteskala interpretiert. Deshalb sind auch diesbezüglich, wo erforderlich, Erklärungen und Hinweise einzufügen, außerdem ist eine sorgfältige Durchsicht der Vorversuchs-Fragebogen angezeigt[14]. Man scheue eine Neufassung von Fragebogen nicht, auch wenn sie nochmalige Vorversuche nach sich zieht. Die aus den Fragebogen erhobenen Daten stellen die Basis für das Auffinden von Gesetzmäßigkeiten und für das Erkennen von Zusammenhängen dar. Wenn diese Eingangsdaten nicht tragfähig sind, steht das ganze Gebäude auf unsicherem Grund.

5. Die Exploration

Als mündliche Befragung stellt die Exploration eine wissenschaftliche Methode dar, die im Bereich entwicklungspsychologischer Forschung ihre Berechtigung hat. Von der Gewandtheit und Erfahrung des Versuchsleiters und vom Inhalt der Exploration ist es abhängig, welche Form unter Berücksichtigung des Probanden gewählt wird. Wir wollen die standardisierte, die halbstandardisierte und die freie Exploration unterscheiden.

Der standardisierten Exploration liegt ein vorformulierter Frage-Katalog zugrunde. Nach einleitender Erklärung trägt der Versuchsleiter der Versuchsperson die Fragen vor und notiert sich die Antworten oder nimmt die gesamte Exploration auf Tonband auf. Der Einbau von Skizzen, Bildern, Tabellen an vorbestimmten Stellen ist möglich. Dieses Verfahren ermöglicht eine genaue Auswertung größerer Untersuchungen, da sämtlichen Probanden die gleichen Fragen gestellt und die gleichen Erläuterungen gegeben werden.

Die halbstandardisierte Exploration gründet nicht auf einem ausgeformten Fragekatalog, vielmehr besteht ein mehr oder weniger flexibel aufgebautes und anzuwendendes Frageschema[15]. Gegen eine freie Erklärung des Frageinhalts, gegen zusätzlich gestellte Fragen oder gegen ein Umrangieren der Fragen innerhalb des Fragekomplexes bestehen keine Bedenken. Dem Versuchsleiter kommt es lediglich auf die zu erfragenden Informationen an. Das sind die festen Zielpunkte, die er ansteuert, und die er am Schluß fixiert haben will. Diese Informationen werden in der Auswertung qualitativ ausgeschöpft und quantifiziert.

Die freie Exploration strebt eine umfassende Information zu einer vorgefaßten Themenstellung an. Es liegt in der Hand des Versuchsleiters, das Gespräch so zu lenken, daß er die gesuchten Auskünfte erhält. Dabei ist es durchaus möglich, daß er aus dem Verlauf der Befragung neue Impulse und Anregungen für die Fortführung der Exploration aufnimmt und die Befragung dadurch eine neue Richtung erhält. Die Durchführung der freien Exploration erfordert umfangreiche Vorkenntnisse, sowie auch Detailwissen im anzugehenden Sektor, vor allem jedoch bedarf sie einer hohen Gewandtheit in der Gesprächsführung von seiten des Versuchsleiters.

6. Experiment und Test

Das ergiebigste Mittel im Bereich der Methoden der Psychologie ist das Experiment. Die planmäßige Herbeiführung eines Vorganges zum Zwecke seiner Beobachtung ist kennzeichnend für das Experiment. Willkürlichkeit, Wiederholbarkeit und Variierbarkeit sind seine typischen Merkmale. Zur Gewinnung von Forschungsdaten hat das Experiment in der Entwicklungspsychologie seit langem seinen festen Platz. Die schon im 19. Jahrhundert verwendeten Formbretter (Itard) und die Untersuchungen zur Form-Farb-Beachtung aus der Schule von Kroh belegen dies.

Es sei hier nicht auf die Frage eingegangen, ob der Test zu den Experimenten zu rechnen ist oder nicht[16]. Unterscheiden wir Darstellungs-Experimente, Dependenz-Analysen und Prüfungs-Experimente, so ist nach unserer Ansicht der Test den Prüfungsexperimenten zuzuordnen. Er ist ein standardisiertes Verfahren, das geeignet ist, eine oder mehrere psychische Verhaltensweisen oder Persönlichkeitsmerkmale zu erfassen. Test-Kriterien sind: Objektivität, Reliabilität, Validität. Unter Objektivität wird verstanden, daß der Test unabhängig ist von der jeweiligen Person des Testaufnehmenden, des Auswerters und des Interpreten. Die Ergebnisse eines Tests dürfen nicht abhängig sein von dem Psychologen, der den Test gibt, auswertet und ihn interpretiert. Reliabilität fordert die Zuverlässigkeit des Tests als eines Meßmittels. Im physikalischen Bereich kann die Reliabilität leicht festgestellt werden. Dort muß das Meßinstrument beim Messen gleicher Gegebenheiten zu verschiedenen Zeitpunkten die gleichen Maßzahlen ermitteln. Verwenden wir einen Test mehrmals hintereinander bei ein und derselben Versuchsperson oder bei der gleichen Probandengruppe, so geht ein Übungs-Effekt (Wiederholungs-Effekt) in das zweite Ergebnis mit ein. »Tatsächlich ist jeder Augenblick im Leben eines Menschen einmalig (Veränderungen des physiologischen und psychischen Gleichgewichts, erzielte Lernerfolge im Laufe vorangegangener Erfahrungspunkte, usw.)[17]« Aus diesem Grunde wird die Zuverlässigkeit von Tests auf spezifische Weise ermittelt und in einem Koeffizienten angegeben. Wird dieselbe Testform zu unterschiedlichem Zeitpunkt verwendet und auf diese Weise die Temporalfluktuation ermittelt, so findet die sogenannte Retest-Zuverlässigkeit in einem Stabilitätskoeffizienten ihren Niederschlag. Liegt eine Parallelform des Tests vor, so wird mit dieser Parallelform die gleiche Versuchsperson oder die gleiche Personengruppe untersucht und es ergibt sich ein Äquivalenzkoeffizient. In der split-half-Methode erfolgt bei der Auswertung eine Trennung der Items des Tests in zwei gleiche Hälften. Im Vergleich der Ergebnisse der beiden Parteien wird ein interner Konsistenz-Koeffizient berechnet. Für den praktischen Gebrauch läßt sich mit Hilfe dieser Koeffizienten die Test-Zuverlässigkeit weitgehend genau darstellen. Allerdings bleibt festzuhalten, daß in der Psychologie die Test-Reliabilität wohl nicht so groß sein wird, wie dies im Bereich physikalischen Messens möglich ist. Die Forderung der Validität eines Tests sagt aus, daß dieser auch tatsächlich das zu messen hat, wofür er geschaffen wurde. Selg/Bauer[18] unterscheiden zwischen Inhaltsvalidität. Übereinstimmungsvalidität, Vorhersagevalidität und Konstruktvalidität. Inhaltsvalidität ist gegeben, wenn die Items des Tests in gelungener, repräsentativer Auswahl Aufgaben aus dem zu prüfenden Verhaltensbereich enthalten. Ein Test, der die Entwicklung logischer Strukturen prüfen will, muß aus verschiedenen Bereichen eine Serie von Aufgaben enthalten, die geeignet sind, den Entwicklungsstatus logischer Strukturen zu erfassen. Berechtigt ist hier die Frage, wie Inhaltsvalidität festgestellt wird. Sie wird durch ein Gremium von Experten im Rating-Verfahren ermittelt. Es bedarf grundlegender Kenntnisse des Entwicklungsvorgangs, des Wesens und der Definition kognitiver Strukturen und des Bereichs der Feststellungsmöglichkeiten, um in einem solchen Verfahren mitentscheiden zu können. Der Nachweis der Übereinstimmungsvalidität erfolgt auf andere Weise. Hierbei wird die Korrelation mit einem außerhalb des Tests liegenden Kriterium festgestellt. Ein Test, der die Rechtschreibleistungen von Schülern einer bestimmten Altersstufe prüfen will, kann mit den Rechtschreibnoten dieser Schüler korreliert werden und sollte einen hohen Grad der Übereinstimmung aufweisen, wenn die Notengebung richtig erfolgt. Bei der Vorhersagevalidität wird die Möglichkeit der Überprüfung sich unter Umständen über einen längeren Zeitraum erstrecken müssen. Wenn als Beispiel die Schulreife-Untersuchung dient[19], so wird klar, daß erst nach dem Ablauf eines Jahres, vielleicht auch erst nach dem 2., 3. oder 4. Schuljahr, sich der prognostische Wert dieser Untersuchung herausstellt. Zwischen der Anfangsfeststellung und der Beurteilung des prognostischen Wertes liegt hier aber die Möglichkeit unterschiedlicher Beeinflussung der Entwicklung der Kinder in gezielten Lernprozessen und durch Erfahrung in der soziokulturellen Umgebung. Diese intervenierenden Variablen können bei der Beurteilung der prognostischen Validität zwar berücksichtigt, aber nicht mit einer Maßzahl festgehalten werden. Auch die Konstruktvalidität läßt sich nicht einfach und direkt in einer Maßzahl fassen. Bei ihr handelt es sich um das Feststellen von Dimensionen, welche nur über Äußerungen zugänglich sind. Die Feststellung der musikalischen Begabung (als eines solchen Konstrukts) bezieht sich auf das Tonunterscheidungsvermögen, das Melodie- und Akkord-Erfassen, die rhythmischen Grundlagen, das Harmonie- und Dissonanzverständnis und die musikalische Gestaltungskraft. Keines dieser einzelnen Kriterien ist allein repräsentativ für das Konstrukt »musikalische Begabung.« Trotzdem können die einzelnen Dimensionen überprüft und ein Gesamturteil über die musikalische Begabung eines Individuums abgegeben werden. Zur Validierung stellt man fest, ob die Überprüfung den definierten Dimensionen gerecht wird. Eine spätere Kontrolle der Leistungen auf dem musikalischen Sektor kann aussagen über die Konstruktvalidität der ursprünglichen Überprüfungsmethode der musikalischen Begabung machen (Methode des follow-up).

7. Querschnittsuntersuchungen

Entwicklungspsychologische Gesichtspunkte werden vordergründig, wenn ein Kindergarten die Kinder ab dem 4. Lebensjahr oder, wenn die Grundschule ihre Schüler in die erste Klasse ab dem Lebensalter von 5¾ Jahren aufnimmt. In den Kindergärten treffen wir Vier- und Fünfjährige und in der Grundschule Sechs- bis Zehnjährige an, und die Frage nach den typischen Verhaltensweisen der Vier- und Fünfjährigen oder der Sechsjährigen usw. wird gestellt. Damit wird das Individuum in Vergleich zu einer Altersnorm gesetzt. Die Frage nach den Altersnormen aber führt zum Querschnittsdenken in der Entwicklungspsychologie, da der jeweilige Entwicklungsstatus des Einzelindividuums an der Population Gleichaltriger gemessen wird. Auch die Stufen- und Phasen-Theoretiker kommen gemäß der Grundkonzeption ihrer Einteilung des Entwicklungsganges zum Querschnittdenken. Häufig wird ein Merkmal herausgegriffen und nach diesem Merkmal ein neuer Phasenanfang gesetzt (Beispiel: 1. und 2. Gestaltwandel). Weitere Verhaltensweisen werden dann in diese Phase eingeordnet. Gewonnen wurden die Grundlagen hierfür durch Querschnittsuntersuchungen, die meist dazu führen, daß eine Nivellierung erfolgt und dadurch unter Umständen bereits die Methode vorbestimmend war für das, was an Ergebnissen gewonnen wurde. Als Gesichtspunkt für die Auswahl repräsentativer Untersuchungsgruppen dient vornehmlich die Zugehörigkeit zu einem bestimmten Lebensalter oder zu einer Entwicklungsphase. Eine Ausweitung des Verfahrens erfolgt dann in der Weise, daß gleiche Untersuchungen an Gruppen in unterschiedlichen Wohnorten (Stadt-Land-Vergleich), unterschiedlicher Bildungseinrichtungen (Haupt-, Realschule, Gymnasium) oder von unterschiedlichem sozialem Status des Elternhauses (Arbeiterkinder, Akademikerkinder) oder an Geschlechtergruppen (männlich-weiblich) durchgeführt werden. Wie immer auch die Vergleichsgruppen ausgewählt und wie interessant auch die Ansatzpunkte sein mögen, in Querschnittuntersuchungen bleibt der individuelle Entwicklungsgang nur insofern von Bedeutung, als er als Zähler in die Gauß'sche Verteilungskurve zur Ermittlung von Querschnittsnormen eingeht.

Thomae beschreibt eine Variante des Querschnittvergleichs, bei der die

Gewinnung der Meßdaten aus mehreren Gruppen von gleicher altersmäßiger oder physiologischer oder sozio-ökonomischer oder charakterologischer Zusammensetzung nicht mit den gleichen psychologischen Untersuchungsgefahren, sondern mit unterschiedlichen Verfahrensweisen oder unter unterschiedlichen Versuchsbedingungen erfolgt[20]. Die Leistungen einer Gruppe, welche in einer besonderen Drucksituation steht, können verglichen werden mit den Leistungen einer anderen Gruppe, die ohne Druck arbeitet. In solcher Weise können die Umwelteinwirkungen in bestimmten Situationen aufgehellt werden. Ein derartiges Verfahren ist jedoch nicht ratsam, wenn es darum geht, die Einwirkung der Umweltfaktoren auf die Individualentwicklung zu erforschen. Hierzu sind Längsschnittbetrachtungen erforderlich.

Querschnittuntersuchungen nehmen relativ wenig Zeit in Anspruch. Sie führen rasch zu Ergebnissen. Die Schwierigkeit und ein wesentlicher Angelpunkt solcher Stichproben liegen in der Kompilation der repräsentativen Querschnitte. So lange Entwicklung mit Wachstum und Reifung gleichgesetzt wurde, konnte man eine repräsentative Stichprobe leicht finden. Man brauchte dazu lediglich eine größere Anzahl gleichaltriger Individuen. Mit ca. 2000 Versuchspersonen glaubte man, die erforderlichen Streubreiten zu erreichen. Wenn gemäß der modernen Entwicklungspsychologie eine Reihe von Variablen (vornehmlich die soziokulturellen Determinanten) den Entwicklungsverlauf bestimmen, wird es schwierig, einen repräsentativen Querschnitt für eine zu planende Untersuchung auszuwählen, denn immer wird die Frage relevant sein, welche der Umweltfaktoren und in welcher Intensität sie eingewirkt und den momentanen Entwicklungsstand ausgeformt haben. Zu einer Stichprobenuntersuchung wird versucht, ein verkleinertes Modell der Gesamtpopulation auszuwählen. Es ist jedoch nicht einfach, ein Modell für eine Querschnittuntersuchung zusammenzustellen, in welchem die in der Entwicklung wirksamen Umweltfaktoren repräsentativ so tragend sind, daß von der Stichprobenuntersuchung aus gültige Schlüsse auf die Gesamtpopulation möglich werden.

Diese Überlegungen sind hier erwähnt, um aufzuzeigen, daß die durch Querschnittuntersuchungen gelieferten Ergebnisse nicht ohne weiteres Allgemeingültigkeit haben und daß die entwicklungspsychologische Forschung neben den Querschnittuntersuchungen noch andere Methoden braucht.

8. Längsschnittstudien

Wenn sich die Entwicklung als Veränderungsreihe im Zeitablauf abzeichnet, so können wir sie nur durch das Registrieren von Verhaltensmerkmalen an verschiedenen Orten des zeitlichen Kontinuums erfassen. Es ist also erforderlich, in ein und demselben Entwicklungsgang Verhaltensweisen an verschiedenen Zeitpunkten zu registrieren und die gefundenen Daten miteinander zu vergleichen. Das eben ist kennzeichnend für Längsschnittuntersuchungen. Die gemeinsame Methodologie besteht darin, daß bei einer oder mehreren Versuchspersonen die Messungen mindestens an zwei oder an mehr Zeitpunkten vorgenommen werden. Seit dem die Beeinflußbarkeit von zu messenden psychischen Verhaltensmerkmalen (etwa Leistung) durch Versuchsleiter bekannt ist, werden bei den Längsschnittregistrierungen besondere Vorsichtsmaßnahmen eingebaut. Die einzelnen Untersuchungen werden unabhängig voneinander durchgeführt. Dem Versuchsleiter sind die Ergebnisse der vorangegangenen Messungen unbekannt[21].

Wir haben die Berichte der amerikanischen Schulen als Quellen für wissenschaftliche Forschung bereits erwähnt (Seite 124). Sie haben Längsschnittcharakter und können in Teilaspekten ausgewertet werden. Die Angaben über Umweltfaktoren sind darin meist nicht zureichend. Längsschnittuntersuchungen, welche nur ein Verhaltensmerkmal oder nur wenige Verhaltensweisen angehen, können echte Forschungsstudien sein. Termans Untersuchungen zur Intelligenzentwicklung wurden an über 1000 Personen in einem Zeitraum von 30 Jahren durchgeführt. Auch wenn die Probanden von ihrem anfänglichen Wohnort wegzogen, führte er die Untersuchungen bei ihnen im 5-Jahreszyklus weiter[22]. Andere Ansätze waren weniger umfassend (Owens 1953, Nelson 1954, Kelley 1955).

Nur wenn die Umweltfaktoren notiert sind, welche auf die Probanden einwirken, kann versucht werden, die Bedeutung der Umweltdeterminanten aufzuzeigen.

Es gibt bedeutsame langfristige Längsschnittuntersuchungen, denen ein umfassender Merkmalskatalog über ein und dieselben Individuen zugrundeliegt. Soweit sie zugänglich waren, wurden darin auch die Umweltbedingungen festgehalten, unter denen sich die Veränderungen im Entwicklungsablauf vollzogen. Bloom[23] führt folgende Längsschnittuntersuchungen an:

die Iowa Studies (Baldwin 1921),
die Harvard Growth Study (Dearborn & Rothney, 1941),
die Chicago Study (Freeman & Flory 1937),
die Berkeley Growth Study (Jones & Bayley, 1941),
die Brush Foundation Study (Ebert & Simmons, 1943),
die Fels Institute Study (Sontag, Baker und Nelson, 1958),
die California Growth Study (Mc Farlane, 1938),
die Michigan Study (Olson 1955).

Auch in europäischen Staaten laufen entwicklungspsychologische Längsschnittuntersuchungen, ein Forscherkreis in England, Belgien, Norwegen, Frankreich und der Schweiz arbeitet an einer übernationalen pädiatrisch-psychologischen Studie[24]. Im Jahre 1952 wurde in der Bundesrepublik Deutschland mit einer kooperativen medizinisch-psychologischen Längsschnittstudie an Schulkindern der Geburtsjahrgänge 1944 bis 1946 begonnen, die bereits wertvolle Einblicke in den Problemkreis körperlicher und psychischer Akzeleration möglich machten[25]. Meili setzte im ersten Lebensjahr von Kindern bereits im 3. Lebensmonat mit einer Serie gezielter Beobachtungen ein und führte diese als Längsschnittuntersuchungen weiter[26, 27].

Die Schwierigkeiten beim langfristigen Längsschnittverfahren liegen einmal in der Notwendigkeit, mit allen Versuchspersonen unter Umständen über Jahrzehnte hinweg in Kontakt zu bleiben; zum andern ändert sich im Laufe von Jahrzehnten das Instrumentarium, wird revisionsbedürftig und ist vielleicht nicht in allen Lebensaltern verwendbar, und schließlich erlebt der Initiator des Forschungsvorhabens unter Umständen das Ergebnis der Untersuchungen selbst nicht und muß die Untersuchungen in andere Hände übergeben. Diese auftretenden Schwierigkeiten dürfen allerdings die Forschung nicht davon abhalten, das Prinzip der langfristigen Längsschnittuntersuchungen zu realisieren. Die bisherigen Resultate versprechen einen tiefgreifenden Einblick in die Entwicklungsvorgänge, wenn einmal mehrere Serien zum Abschluß kommen werden. Es ist zu hoffen, daß sich dann wesentliche Entwicklungslinien abzeichnen werden.

9. Die Koppelung von Längsschnitt- und Querschnittverfahren

Wir haben die Schwierigkeiten der Längsschnittuntersuchungen herausgestellt und dabei erwähnt, daß es nicht einfach ist, mit den Versuchspersonen über größere Zeiträume hinweg in Kontakt zu bleiben, um sie immer wieder befragen und testpsychologisch untersuchen zu können. Auf die Änderung des Untersuchungs-Instrumentariums im Laufe der Jahre haben wir ebenfalls verwiesen. Nickel[28] betont den Testungs-Effekt bei Längsschnittuntersuchungen als Fehlerquelle, der sich dann einschleicht, wenn ein und dieselbe Person des öfteren psychologisch untersucht wird und die Erfahrungen aus früheren Untersuchungen sich in den Ergebnissen der nachfolgenden Untersuchungen niederschlagen.

Auch auf die gravierenden Einwendungen gegen die Querschnittmethode wurde bereits eingegangen. Baltes[29] weist noch auf die Bedeutung des Generationsunterschiedes bei solchen Untersuchungen hin. Bei Querschnittvergleichen, die über Generationen hinweggreifen, spielen die sich verändernden und damit ungleichen Milieubedingungen eine Rolle, auf die wir unter anderem Blickwinkel bereits eingegangen sind (vgl. S. 70 f.). Dies wird an einem Beispiel rasch evident. Der längere Schulbesuch und das sich von Generation zu Generation unterscheidende didaktische Lehrverhalten sind in den Ergebnissen von Intelligenzuntersuchungen bei verschiedenen Generationen impliziert und erschweren einen Vergleich von Resultaten, die sich über Generationen erstrecken. Dieser Generationseffekt ist mit den bisher gebräuchlichen Methoden schwer zu eliminieren.

Es ist daher verständlich, daß die Wissenschaft in der Koppelung von Längs- und Querschnittmethoden eine optimale Zuverlässigkeit anstrebt. Nickel[30] gibt dieser Kombination das Prädikat »einer möglichst optimalen Strategie«. In der Erprobung und Verfeinerung solcher Methoden liegt ein offenes Feld der psychologischen Forschung. Die vorhandenen Lücken auf diesem Sektor können erst geschlossen werden, wenn eine genügende Anzahl von Längsschnittuntersuchungen vorliegt. Hernach können in der Koppelung von Längsschnitt- und Querschnittstudien die vorhandenen Möglichkeiten auf ihre wissenschaftliche Genauigkeit überprüft, die Fehlerquellen erkannt und ausgeschaltet und mit Hilfe von Analysen und Synthesen eine kombinierte Forschungsmethode von Längsschnitt- und Querschnittverfahren ausgearbeitet werden. Auf dem Prüfstand der Bewährungskontrollen wird sich hernach die Brauchbarkeit und die Tragfähigkeit einer solchen Verbindung von Längschnitt- und Querschnittuntersuchungen erweisen müssen.

10. Auswertung, Darstellung und Interpretation

Bei der Auswertung psychologischer Untersuchungen wird immer der Schritt zur Quantifizierung versucht werden. Auch wenn Versuchsergebnisse vorliegen, bei welchen eine inhaltliche Analyse vordergründig erscheint, wird wo immer es möglich ist, nach einem Verfahren gesucht, das eine Zuordnung des Gefundenen zu Zahlenwerten möglich macht. Bei der Analyse einer Serie von Aufsätzen mit gleichen Themen läßt sich etwa feststellen, sind im einzelnen Aufsatz Anzeichen für Aggressivität vorhanden oder nicht. Das Vorhandensein oder Fehlen eines Merkmals wird registriert und zahlenmäßig erfaßt. Damit wird eine prozentuale Berechnung möglich und eine Gegenüberstellung der Prozentzahlen von einfachen Plus- und Minuswerten. Werden unterschiedliche Intensitätsgrade der Aggressivität in den Aufsätzen sichtbar, so kann mit Hilfe von Rating-Skalen eine Zuordnung erfolgen, etwa: Stark, mäßig, schwach. Damit ist wiederum der Weg für eine zahlenmäßige Auswertung offen. Genauere Einordnungsmöglichkeiten bieten Fünfer- oder Siebener-Skalen. Ohne eine solche systematische Erfassung von Inhalten mit Hilfe von Skalierung und Graduierung bergen Inhaltsanalysen die Gefahr subjektiver Interpretationen in sich und darin können im psychologischen Bereich Ungenauigkeiten und Fehlerquellen liegen. Wo nur inhaltliche Analysen möglich sind, ist in Vorversuchen die Breite möglicher Inhaltsvarianzen abzustecken und die Interpretation der Inhalte an einzelnen Beispielen darzulegen.

Datenverarbeitung: Die registrierten Ergebnisse werden in Meßskalen eingebracht, die nach Möglichkeit in der weiteren Verarbeitung eine multidimensionale Auswertung ermöglichen. Dabei wird die elektronische Datenverarbeitung im Bereich psychologischer Forschung immer relevanter, weil sie zeit- und personalsparend ist, bei richtiger Eingabe der Daten präzise Ergebnisse liefert und außerdem neue Gesichtspunkte aufzeigen kann, welche in der Planung des betreffenden Forschungsvorhabens ursprünglich nicht vorhanden waren. Wo immer heute entwicklungspsychologische Untersuchungen anlaufen, sollten Versuchsplan, Durchführung und Registrierung so gestaltet sein, daß die Voraussetzungen zur elektronischen Datenverarbeitung gegeben sind, d. h., daß die Ergebnisse auf Lochkarten übertragen werden können. Es gibt Lehrprogramme, welche eine grundlegende Einführung in die Datenverarbeitung bringen; wir verzichten daher hier auf eine Deskription des Verfahrens[31].

Auswertung und statistische Darstellung entwicklungspsychologischer Daten fußen in der allgemeinen Meßtheorie und bedienen sich des allgemeinen Instrumentariums. Das statistische Modell richtet sich nach den vorgegebenen Skalen (Nominalskala, Ordinalskala, Intervallskala, Verhältnisskala). An statistischen Modellen führen Selg/Bauer auf:[32]

1. Deskription und Interferenzstatistik
2. Regressions- und Korrelationsanalyse
3. Varianz- und Kovarianzanalyse
4. Raumanalyse (Dimensionsanalyse)
5. Taxometrie und Klassifikation
6. Zeitreihenanalyse.

Je nach den zu untersuchenden Problemen, nach dem Inhalt und dem Umfang der Untersuchungen, nach der Planung und der Durchführung der Versuche (der Forschungsstrategie) sowie deren Meßskalen wird das eine oder andere dieser Modelle oder mehrere Modelle zum Tragen kommen. Wenn die Daten in Lochkarten eingebracht sind, kann mit Hilfe der elektronischen Verarbeitung in unterschiedlichen Modellen operiert werden, um die komplexe Leistungsfähigkeit des Computers auszunutzen und das vorhandene Datenmaterial voll auszuschöpfen.

11. Schlußinterpretation und Veröffentlichung

Am Anfang der Untersuchung aus dem Feld der Entwicklungspsychologie steht eine Frage, die zum Problem wird. Es ist erforderlich, daß dieses Problem genau definiert wird, so daß jederzeit ein Rückgriff auf den Ausgangspunkt möglich ist. Hat die Problemstellung zur Hypothesenbildung geführt, so bedarf es ebenfalls einer genauen Fixierung der Hypothese bzw. der Hypothesen, damit nach psychologischen Untersuchungen, welche sich über längere Zeiträume hinziehen, keine Unklarheit über die Ausgangsituation eintritt.

Am Schluß der Auswertung folgt der bedeutsame Schritt, in welchem die gefundenen und zusammengestellten Daten auf die Anfangslage rückbezogen und dort eingebracht werden. Das Problem und die Hypothesen werden jetzt unter die Perspektive der gewonnenen Ergebnisse gebracht. Eine Hypothese kann entweder als verifiziert bezeichnet werden oder sie kann sich als nicht tragbar erweisen und damit zur Falsifizierung geführt werden. Vielleicht muß sie auch abgeändert werden und kann als modifizierte Hypothese ihre Bestätigung aus den gewonnenen Untersuchungsunterlagen finden.

Aus den Daten kristallisiert sich eine Antwort auf die Ausgangsfrage heraus. Ehe die Unterlagen jedoch zur Seite gelegt oder abgeheftet werden, werden sie nochmals unter dem Gesichtspunkt neuer Hypothesenbildung und deren möglicher Beantwortung durchgesehen. Bei der Kodierung der Daten und deren Eingabe in die Lochkarten darf kein Detail als unwichtig ausgesondert werden, auch wenn es momentan bedeutungslos erscheint. Bei der Verarbeitung der Daten unter anderem Blickwinkel können solche Details von Wichtigkeit sein und zu tragfähigen Elementen für die Forschung werden.

Wenn die Ergebnisse durch Kontrolluntersuchungen abgesichert sind, kann der wissenschaftliche Bericht abgefaßt werden. Bei Forschungsvorhaben enthält der Forschungsbericht die gesamte Strategie und den Ablauf der einzelnen Stationen. Hier gilt wiederum, daß auch Details aufgenommen werden, die aus derzeitiger Sicht als nicht interessant bezeichnet werden. Atteslander[33] weist darauf hin, daß in Forschungsberichten bisher selten eine Übersicht über diejenigen Unterlagen beigefügt wird, welche keine schlüssigen Folgerungen erlauben. Sie können jedoch für andere Forschungsansätze von Wichtigkeit sein.

Nicht immer wird der Forschungsbericht als Ganzes veröffentlicht. Die Drucklegung unterliegt meist eigenen Gesetzen, unter denen die Rentabilität ein gewichtiges Wort mitspricht. Selbst wenn es wünschenswert wäre, kann daher nicht immer der Forschungsbericht vollständig veröffentlicht werden. Des öfteren wird eine beschränkte Anzahl von Forschungsberichten lediglich in Maschinenschrift vervielfältigt und eine Kurzfassung zum Druck gegeben. Zum Teil treten die Ergebnisse in wissenschaftlichen Zeitschriften oder in Buchbeiträgen an die Öffentlichkeit. Ein Hinweis auf den dahinterstehenden wissenschaftlichen Bericht und dessen Standort ist dabei unerläßlich, damit Interessenten wissen, wo sie einen Einblick in die ausführlichen Unterlagen erhalten können. Die Veröffentlichung hat neben der Bekanntgabe neuer Forschungsergebnisse zugleich den Sinn, diese den Wissenschaftskreisen zur Diskussion zu stellen.

Literatur zu Kapitel VI

1 Thomae, H.: Handbuch der Psychologie, Bd. 3, Göttingen 1959, S. 10 ff.
2 Comte, A.: Cours de philosophie positive, 1. Bd. Paris 1864[2].
3 Kant, I.: Metaphysische Anfangsgründe der Naturwissenschaft 1786.
4 Messer, A.: Psychologie, Leipzig 1934[5].
5 Thomae, H.: Forschungsmethoden der Entwicklungspsychologie; in: Handbuch der Psychologie Bd. 3, Göttingen 1959, S. 48.
6 Barker und Wright: One boy's day. A specimen record of behavior, New York 1951.
7 Atteslander, P.: Methoden der empirischen Sozialforschung, Berlin 1971, S. 149-154.
8 Thomae, H.: a.a.O., S. 60 f.
9 Busemann, A.: Die Jugend im eigenen Urteil, Langensalza 1926.
10 Thomae, H.: a.a.O., S. 61.
11 Küppers, W.: Mädchentagebücher der Nachkriegszeit, Stuttgart 1964.
12 Atteslander, P.: a.a.O., S. 104.
13 Richardson, St. A. u. B. S. Dohrenwend und Klein: Interviewing. Its Form and Funditions; New York 1965, S. 43.
14 Vergleiche zu diesem Abschnitt: De Landsheere: Einführung in die pädagogische Forschung, Weinheim, Berlin, Basel 1971[2], S. 56-61.
15 Atteslander, P.: a.a.O., S. 80.
16 Ausführungen hierüber in: Selg/Bauer: Forschungsmethoden der Psychologie, Stuttgart 1971, S. 56 ff.
17 De Landsheere: a.a.O., S. 103.
18 Selg/Bauer: a.a.O., S. 68 ff.

[19] Selg/Bauer: a.a.O., S. 70.
[20] Thomae, H.: a.a.O., S. 63.
[21] Bloom, S.: Stabilität und Veränderung menschlicher Merkmale. Weinheim, Berlin, Basel, 1971, S. 12.
[22] Thomae, H.: a.a.O., S. 66.
[23] Bloom, S.: a.a.O., S. 13.
[24] Thomae, H.: a.a.O., S. 66.
[25] Coerper, Hagen, Thomae: Deutsche Nachkriegskinder. Methoden und erste Ergebnisse der deutschen Längsschnittuntersuchungen über die körperliche und seelische Entwicklung im Schulkindalter, Stuttgart 1954.
[26] Meili, R.: Beobachtungen über charakterologisch relevante Verhaltensweisen im 3. und 4. Lebensmonat, Schweizerische Zeitschrift für Psychologie 12/1953.
[27] Meili, R.: Anfänge der Charakterentwicklung, Bern und Stuttgart 1957.
[28] Nickel, H.: Entwicklungspsychologie des Kindes- und Jugendalters, Bern, Stuttgart, Wien 1972, S. 99 f.
[29] Baltes, P. B.: Sequenzmodelle zum Studium von Altersprozessen: Querschnitt- und Längsschnittsequenzen. Ber. 25. Kongress DGFPs, Hogrefe Göttingen, 1967.
[30] Nickel, H.: a.a.O., S. 99.
[31] Als Beispiel: Lernprogramm der IBM mit den Formnummern: 80 321, 80 322, 80 323, 80 300, zu beziehen über die IBM-Ausbildungszentren für Datenverarbeitung.
[32] Selg/Bauer: a.a.O., S. 102 ff.
[33] Atteslander: a.a.O., S. 278.

Literatur

Adams, G. B. / Sarason, J. G.: Relations of anxiety in children and their parents, Childs Development 34, 1963

Adler, A.: Studie über die Minderwertigkeit von Organen. München 1927[3]

Adler, A.: Praxis und Theorie der Individualpsychologie, Leipzig 1930[4]

Aebli, H.: Über die geistige Entwicklung des Kindes, Stuttgart 1971[3]

Aebli, H.: Die geistige Entwicklung als Funktion von Anlage, Reifung, Umwelt- und Erziehungsbedingungen. In: Roth (Hrsg.), Begabung und Lernen, Stuttgart 1969

Aichhorn, A.: Verwahrloste Jugend, Stuttgart 1965[5]

Allen, K. E. / Hart, B. M. / Buell, J. S. / Harris, F. R. / Wolf, M. M.: Effects of social reinforcement on isolate behavior of a nursery child. Child development 35, 1964

Allport, G. W.: Persönlichkeit, Stuttgart 1949

Anastasi, A.: Differential Psychology, New York 1958

Anastasi, A. / Foley, J. P.: A Proposed Reorientation in the Heredity-environment Controversy, Psychol. Rev. 55, 1948

Anastasi, A.: Länge des Schulbesuchs und Intelligenz. In: Weinert, Fr. (Hrsg.) Pädagogische Psychologie, Köln 1967, S. 524–528

Anastasi, A.: Vererbung, Umwelt und die Frage nach dem »Wie«. In: Ewert, O. M.: Entwicklungspsychologie, Band I, Köln 1972, S. 19–30

Atteslander, P.: Methoden der empirischen Sozialforschung, Berlin 1971

Ausubel, D. P.: Das Jugendalter, München 1968

Ausubel, D. P.: Ego development and the personality disorders, New York: Gune and Stratton, 1952

Bäumler, Fr.: Mehrdimensionale Stottererbehandlung von Kindern und Jugendlichen in Sprachheilgruppen, Zschr. für Psychotherapie u. Medizinische Psychologie 3, 1957

Bäumler, Fr.: Beiträge zu einer Psychologie der Neuen Oberstufe, München/Basel 1965

Bäumler, Fr.: Psychologie der Erziehungsschwierigkeiten, Zschr. Mädchenbildung 2, 1966

Bäumler, Fr.: Die Auswirkungen der Akzeleration auf die Hauptkindheit, Zschr. Schulwarte 2, 1966

Bäumler, Fr. / Mall, H.: Die Musikerziehung in der Grundschule, Stuttgart 1966

Bäumler, Fr.: Die Auseinandersetzung um den Entwicklungsbegriff und das Wesen der Entwicklungsvorgänge, Zschr. Schule und Psychologie 4, 1969

Bäumler, Fr.: Gedanken zum Problem der Lehrplanforschung aus der Sicht der Pädagogischen Psychologie. In: Weinmann, S. (Hrsg.), Zur Lehrplandiskussion, Stuttgart 1970

Baitsch, H.: Über die genetische Zukunft des Menschen, Zschr. Universitas 8, 1973

Baltes, P. B.: Sequenzmodelle zum Studium von Altersprozessen: Querschnitt- und Längsschnittsequenzen. Ber. 25. Kongreß DGfPs, Göttingen 1967

Bandura, A. / Walters, R. H.: Social learning and personality development, New York 1963

Barker, R. G. / Wright, H. F.: One boy's day. Harper, New York 1951

Bauer, W. / Selg, H.: Forschungsmethoden der Psychologie, Stuttgart 1971

Bergius, R.: Untersuchungen zur Entwicklung des visuellen Wahrnehmens. In: Schenk-

Danzinger, L. u. Thomae, H.: Gegenwartsprobleme der Entwicklungspsychologie, Göttingen 1963
Bergius, R. (Hrsg.): Handbuch der Psychologie Bd. I, Lernen und Denken. Göttingen 1969[2]
Bergius, R.: Entwicklung als Stufenfolge. In: Thomae, H. (Hrsg.): Handbuch der Psychologie Bd. 3, Entwicklungspsychologie, Göttingen 1959
Bergius, R.: Entwicklung und Entwicklungskrisen bei Kindern und Jugendlichen, Zschr. Die Schulwarte 4, 1969
Bernstein, B.: Language and social class, Brit. Journ. Sociol., 11, 1961
Bernstein, B.: Sozio-kulturelle Determinanten des Lernens, in: Weinert, Fr. (Hrsg.): Pädagogische Psychologie, Köln 1969
Bittner, G.: Psychoanalyse und soziale Erziehung, München 1970
Blöschl, L.: Grundlagen und Methoden der Verhaltenstherapie, Bern/Stuttgart 1969
Bloom, B. J.: Stability and change in human characteristics, New York 1964. Deutsche Übersetzung: Stabilität und Veränderung menschlicher Merkmale, Weinheim 1971
Blos, P.: Adoleszenz, Stuttgart 1973
Bollnow, O. Fr.: Geschichte der Pädagogik, Bd. IV, Stuttgart 1952
Bonn, H. / Rosmanith, K.: Studien zur Entwicklung des Denkens im Kindesalter, Darmstadt 1972
Breunig, W.: Schuleintrittsalter und Reifedifferenzierung, Freiburg/Br. 1964
Brown, R. W.: Personal communication, 1966
Bruner, J. S.: Towards a theory of instruction, Cambridge, Mass. 1966
Bruner, J. S. / Oliver, R. R. / Greenfield, P. M. et al.: Studies in cognitive growth. New York 1966 Deutsche Übersetzung: Studien zur kognitiven Entwicklung, Stuttgart 1971
Bühler, Ch.: Kindheit und Jugend, Leipzig 1931[3]
Bühler, Ch.: Der menschliche Lebenslauf als psychologisches Problem, Leipzig 1966
Bühler, Ch.: Drei Generationen im Jugendtagebuch. Quell. Stud. Jugendk. 11, Jena 1934
Bühler, K.: Sprachtheorie, Jena 1934
Bühler, K.: Abriß der geistigen Entwicklung des Kindes Heidelberg 1949[7]
Busemann, A.: Die Jugend im eigenen Urteil, Langensalza 1926
Busemann, A.: Krisenjahre im Ablauf der menschlichen Jugend, Ratingen 1953
Busemann, A.: Kindheit und Reifezeit, Frankfurt/M. 1965
Buytendijk, F. J. J.: Theorie der menschlichen Haltung und Bewegung, Berlin 1956

Carmichael, L.: Manual of Child Psychology, New York 1963[3]
Carrol, J. B.: The study of language, Cambridge, Mass. 1953
Cattel, R. B.: The scientific analysis of personality, Middlesex, Baltimore 1965
Coerper, C. / Hagen, W. / Thomae, H.: Deutsche Nachkriegskinder, Stuttgart 1954
Cohen, A. K.: Kriminelle Jugend. Zur Soziologie des jugendlichen Bandenwesens, Hamburg 1961
Correll, W.: Pädagogische Verhaltenspsychologie, München 1965
Correll, W.: Vierjährige lernen lesen, Zschr. Die Grundschule, 860, 1967

Darwin, Ch.: The expression of the emotions in man and animals, London 1872
De Landsheere: Einführung in die pädagogische Forschung, Weinheim 1971[2]
Dennis, W.: The adolescent. In: Manual of Child Psychology (Carmichael, L. Hrsg.), New York 1946

Deutsch, M.: The role of social class in language development and cognition, Amer. J. Orthopsychiatr. 35, 1965
Dietrich, G.: Unterrichtspsychologie der Sekundarstufe, Donauwörth 1972
Dollard, J. et al.: Frustration and Aggression, Weinheim 1970
Dreikurs, R.: Individualpsychologie, Stuttgart 1969
Duhm, E.: Entwicklung und Differenzierung. In: Handbuch der Psychologie (Thomae H. Hrsg.) Bd. 3, Göttingen 1959
Dührssen, A.: Heimkinder und Pflegekinder in ihrer Entwicklung, Göttingen 1958
Dührssen, A.: Psychogene Erkrankungen bei Kindern und Jugendlichen Göttingen 1962[4]
Dührssen, A.: Psychotherapie bei Kinder und Jugendlichen, Göttingen 1960

Eckensberger, D.: Sozialisationsbedingungen der öffentlichen Erziehung, Frankfurt/M. 1971
Eibl-Eibesfeldt, J.: Grundriß der vergleichenden Verhaltensforschung, München 1967
Elashoff, J. D. / Snow, R. D.: Pygmalion auf dem Prüfstand, München 1972
Erikson, E. H.: Kindheit und Gesellschaft, Stuttgart 1965
Erikson, E. H.: Jugend und Krise, Stuttgart 1970
Ewert, O. M.: Entwicklungspsychologie, Bd. I, Köln 1972
Eysenck, H. J.: The structure of human personality, London 1953

Fankenhauser, G.: Das Entwicklungsmodell der Spirale und die Jugendentwicklung, Bern 1963
Fatke, R.: Psychohygienische Probleme der Förderung sozial benachteiligter Kinder, Zschr. Päd. 16, 1970
Fend, H.: Sozialisierung und Erziehung, Weinheim 1969
Ferdinand, W.: Zum Problem der Intelligenzförderung bei Kindern aus den sozialen Grundschichten, Neue Deutsche Schule 19/1969
Ferdinand, W.: Zum Problem des Sprachniveaus IQ-äquivalenter Schulanfänger aus unterschiedlichen soziokulturellen Gruppen, Zschr. Schule und Psychologie 17/1970
Fischel, W.: Leben und Erlebnis bei Tieren und Menschen. Eine Ontologie des Lebendigen, München 1949
Flitner, A.: Der Streit um die Vorschulerziehung, Zschr. Päd. 13/1967
Foppa, Kl.: Lernen, Gedächtnis, Verhalten, Köln 1965
Frankl, V. E. / Gebsattel, V. E. / Schultz, I. H.: Handbuch der Neurosenlehre und Psychotherapie, 5 Bde. München 1957 ff.
Freeberg, N. E., Payne, D. P.: Parental influence on cognitive development in early childhood: A review. Child Developm. 38, 1967
Freud, A.: Das Ich und die Abwehrmechanismen, München 1964
Freud, A.: Wege und Irrwege in der Kinderentwicklung Bern/Stuttg. 1968
Freud, S.: Gesammelte Werke. Hrsg. v. Freud A. u. a. (Bde. 18) London 1948 ff.
Friedeburg, L. v. (Hrsg.): Jugend in der modernen Gesellschaft, Köln 1965
Frisch, K. v.: Über die Sprache der Bienen, Jena 1923
Frisch, K. v.: Erinnerungen eines Biologen, Berlin 1962
Fürstenau, P.: Soziologie der Kindheit, Heidelberg 1967

Garner, W. R.: To perceive is to know, Amer. Psychologist 21, 1966
Gehlen, A.: Der Mensch. Seine Natur und seine Stellung in der Welt, Bonn 1958
Gehlen, A.: Urmensch und Spätkultur, Bonn 1956

Gehlen, A.: Die Seele im technischen Zeitalter, Hamburg 1957
Gehlen, A.: Studien zur Anthropologie und Soziologie, Soziologische Texte, Neuwied/Berlin 1963
Gesell, A.: Säugling und Kleinkind in der Kultur der Gegenwart, Bad Nauheim 1952
Goodall, J.: My life among wild chimpanzees. In: National Geographie Magazine, 1963
Goodnow, I. I.: A test of milieu differences with some of Piagets tasks. Psychol. Monogr. 76, 1972
Gottschaldt, K.: Zwillingspsychologische Forschung zur Phänogenetik der Person. Acta Psychol. 15, 1959
Graumann, C. F.: Einführung in die Psychologie, Bd. 1, Motivation, Bern/Stuttg. 1969
Guilford, J. P.: Psychometric methodes, New York 1954[2]
Guilford, J. P.: Creativity. Amer. Psychologist, 5, 1950
Guilford, J. P.: Persönlichkeit, Weinheim 1964

Habermas, J.: Thesen zur Theorie der Sozialisation, Frankf./M 1968
Hacker F.: Aggression, Wien 1971[2]
Hansen, W.: Die Entwicklung des kindlichen Weltbildes, München 1952[3]
Hansen, W.: Probleme einer Epochalpsychologie des heutigen Schulkindes, Vierteljahresschr. wiss. Päd. 1960
Haseloff, O. W. / Stachowiak H. (Hrsg.): Moderne Entwicklungspsychologie, Berlin 1956
Hassenstein, B.: Aspekte der »Freiheit« im Verhalten von Tieren, Zschr. Universitas 12/1969
Hebb, D. O.: Einführung in die moderne Psychologie, Weinheim 1967
Heckhausen, H.: Hoffnung und Furcht in der Leistungsmotivation, Meisenheim 1963
Heckhausen, H.: Leistungsmotivation. In: Thomae, H. (Hrsg.): Handbuch der Psychologie, Bd. 2, Göttingen 1965
Heinroth, O.: Aus dem Leben der Vögel, Verständl. Wiss. 34, 1955[2]
Heiss, R.: Allgemeine Tiefenpsychologie, Methoden, Probleme, Ergebnisse, Bern 1956
Heiss, R. (Hrsg.): Psychol. Diagnostik, Hdb. der Psychol. Bd. 6, Göttingen 1964
Hellpach, W.: Geopsyche, Stuttg. 1950[6]
Hellpach, W.: Sozialpsychologie, Stuttg. 1951[3]
Hellpach, W.: Kulturpsychol., Stuttg. 1953
Hetzer, H.: Kindheit und Armut, Leipzig 1929
Hetzer, H. (Hrsg.): Pädagogische Psychologie, Hdb. d. Psychol. Bd. 10, Göttingen 1959[2]
Hetzer, H.: Kind und Jugendlicher in der Entwicklung, Hannover 1967[10]
Hetzer, H.: Frühlesen: Hypothesen und ihre Verifizierung, Zschr. Neue Sammlung, 8, 1968
Hillebrand, M. J.: Zum Problem der Schulreife, München 1955
Höhn, E.: Geschichte der Entwicklungspsychologie und ihrer wesentlichsten Ansätze. In: Thomae, H. (Hrsg.) Handbuch der Psychologie, Entwicklungspsychologie Bd. 3, Göttingen 1959
Höhn, E.: Entwicklung als aktive Gestaltung In: Thomae, H. (Hrsg.) Handbuch der Psychologie. Entwicklungspsychologie, Bd. 3, Göttingen 1959
Höhn, E.: Der schlechte Schüler, München 1967
Hörmann, H.: Psychologie der Sprache, Berlin 1967
Hoffmann, M. L. / Saltzstein, H. D.: Parent discipline and the Child's moral development, Journ. pers. soc. Psychol. 5, 1967

Hofstätter, P. R.: Psychologie, Frankf./M. 1970
Holzkamp, K.: Zum Problem der Relevanz psychologischer Forschung für die Praxis, Zschr. Psycholog. Rundschau 21, 1970
Huizinga, J.: Homo ludens, Hamburg 1956
Hunt, J. McV.: Intrinsic motivation and its role in psychological development.Nebraska Symposium on Motivation, Nebraska 1965
Hurlock, E. B.: Die Entwicklung des Kindes, Weinheim 1970

Inhelder, B. / Bovet, M. / Sinclair, H. / Smock, C. D.: On cognitive development, Amer. Psychologist 21, 1960
Inhelder, B. / Piaget, J.: La genèse des structures logiques élémentaires, Neuchâtel 1959
Irwin, O. C.: Infant Speech, Scientif. Amer. 181, 1949
Issing, L. J. / Ullrich B.: Einfluß eines Verbalisierungstrainings auf Denkleistungen von Kindern, Zschr. Entw. Psychol. u. Päd. Psychol. 1, 1969

Jacobi, I.: Die Psychologie von C. G. Jung, Zürich 1959
John, V.: The intellectuell development of slum children: some preliminary findings, Amer. Journ. Orthopsychiat. 33, 1963
Jung, C. G.: Gesammelte Werke (18 Bde.), Zürich 1957 ff.

Kainz, F.: Psychologie der Sprache, 4 Bde. Stuttg. 1960[2]
Kallmann, F. J.: Psychogenetic studies of twins. In: Koch, S. (Hrsg.) Psychology: A study of a Science, New York (6 Bde.) 1959 ff.
Katz, D. u. R. (Hrsg.): Handbuch der Psychologie, Basel/Stuttgart 1960
Kemmler, L. / Heckhausen, H.: Ist die sogenannte »Schulreife« ein Reifungsproblem? In Weinert Fr. (Hrsg.): Pädagogische Psychologie, Köln 1967
Kern, A.: Sitzenbleiberelend und Schulreife, Freiburg 1954[2]
Klauer, K. J.: Über den Effekt eines Schulreifetrainings für die Behandlung der Intelligenzschwäche, Zschr. exp. angew. Psychol. 11, 1964
Kleinhans, W. H.: Stufen der ganzheitlichen Auffassung bei 2–7jährigen Kinder, Weinheim 1966
Kluckhohn, C.: Some aspects of Navaho infancy and early childhood, Psychoanal. and Soc. Sci. 1, 1947
Kluckhohn, C.: Spiegel der Menschheit, Zürich 1951
Kluckhohn, C.: Culture and behavior. In: Handbook of Social Psychology II, Cambridge, Mass. 1954
Kluckhohn, C. / Murray, H. A.: Personality in Nature, Society and Culture, New York 1961[2]
Koehler, G.: Der Vogelsang als Vorstufe von Musik und Sprache. In: Journal für Ornithologie 93, 151
Koehler, O.: Vorbedingungen und Vorstufen unserer Sprache bei Tieren. In: Verhandlungen der Zoologischen Gesellschaft, Tübingen 1954
Koehler, O.: Vom unbenannten Denken, München dtv.
Köhler, W.: Intelligenzprüfungen an Menschenaffen, Berlin 1963
König, R. (Hrsg.): Das Interview, Köln 1957[2]
König, R. (Hrsg.): Soziologie, Frankf./M. 1969[9]
Krech, D. / Crutchfield, R. S.: Grundlagen der Psychologie, Bd. I, Weinheim 1968

Kris, M.: The Use of Prediction in a Longitudinal Study. In: The Psychoanalytic Study of the Child. XII, 1957
Kroh, O.: Psychologie des Grundschulkindes, Langensalza 1927
Kroh, O.: Psychologie der Oberstufe, Langensalza 1932
Künkel, F.: Die Arbeit am Charakter, Schwerin 1931
Küppers, W.: Mädchentagebücher der Nachkriegszeit, Stuttg. 1964

Landau, E.: Psychologie der Kreativität München 1969
Lange, I.: Verbrechen als Schicksal, Leipzig 1929
Langeveld, M. I.: Einführung in die Pädagogik, Stuttg. 1963[4]
Langeveld, M. I.: Studien zur Anthropologie des Kindes, Tübingen 1956
Langeveld, M. I.: Kind und Jugendlicher in anthropologischer Sicht. Zschr. Päd. Forschung 11, 1959
Lehr, U.: Entwicklung und Periodizität. In: Thomae H. (Hrsg.): Handbuch der Psychologie, Bd. 3, 1959
Lehr, U.: Die Acceleration der Entwicklung als biologisches und sozialpsychologisches Problem. Zschr. Entw. Psychologie und Päd. Psychol. 1, 1969
Leisegang, H.: Denkformen, Berlin 1951
Lenneberg, E. H.: Biological Foundations of Language, New York 1967
Lenz, W. u. Kellner, H.: Die körperliche Akzeleration, München 1965
Lersch, Ph.: Aufbau der Person, München 1964
Lewin, K.: A dynamic theory of personality, New York 1964
Lewin, K.: Feldtheorie in den Sozialwissenschaften, Bern/Stuttg. 1963
Lewin, K.: Eine dynamische Theorie des Schwachsinnigen, In: Weinert Fr.: Pädagogische Psychologie, Köln 1967
Lewis, M. M.: Sprache und geistige Entwicklung. In: Lunzer, E. A. / Morris, I. F.: Das menschliche Lernen und seine Entwicklung, Stuttgart 1971
Liefmann – Keil, E.: Erreichte Ziele – Neue Aufgaben. Die Verwirklichung von Zielen als dynamischer Prozeß, Zschr. Universitas 1/1969
Lienert, G. A.: Testaufbau und Testanalyse, Weinheim 1969[3]
Lindauer, M.: Communication among social bees, Cambridge, Mass. 1961
Lindzey, G.: Handbook of Social Psychology, 2 Bde. Cambridge Mass. 1954
Litt, Th.: Mensch und Welt, München 1948
Ljublinskaja, A. A.: Die psychische Entwicklung des Kindes. Übers. a. d. Russischen Berlin 1961
Lorand, R. L.: Liebe und Sex der Teenager, Stuttgart 1971
Lorenz, K.: Der Kumpan in der Umwelt des Vogels, Journ. Ornith. 83, 1935
Lorenz, K.: Das sogenannte Böse, Wien 1963
Lorenz, K.: Über tierisches und menschliches Verhalten, 2 Bde. München 1965
Lorf, M.: Entwicklungsbedingungen der Differenzierungsfähigkeit im Kleinkind- und Vorschulalter, Probleme und Ergebnisse d. Psychol. 17, 1966
Lovell, K.: A follow – up study of Inhelder and Piaget's: The growth of logical thinking, Brit. Journ. Psychol. 52, 1961
Lovell, K.: Die Herausbildung des systematischen Denkens. In: Lunzer E. A. und Morris I. F.: Das menschliche Lernen und seine Entwicklung, Stuttg. 1971
Lückert, H. R.: Lesenlernen im Vorschulalter als Aktion der basalen Bildungsförderung, Zschr. Schule und Psychologie 10, 1967
Lückert, H. R.: Bildung – Die Grundlage unserer Zukunft, München 1968

Lunzer, E. A. / Morris, J. F.: Das menschliche Lernen und seine Entwicklung, Stuttg. 1971
Luria, A. R.: Experimentelle Analyse der Entwicklung willensmäßiger Handlungen bei Kindern. In: Brengelmann, I. C. / David,H. P. (Hrsg.) Perspektiven der Persönlichkeitsforschung, Bern/Stuttg. 1961
Lustenberger, W.: Kleine Psychologie der typischen Entwicklung, Bad Heilbrunn 1967

Maccoby, E. E. / Maccoby, D.: Das Interview: ein Werkzeug der Sozialforschung, In: König, R. (Hrsg.): Das Interview, Köln 1957[2]
Mall, H. / Bäumler, Fr.: Die Musikerziehung in der Grundschule, Stuttgart 1966[2]
Mc Carthy, D.: Language Development in Children. In: Carmichael, L. (Hrsg.): Manual of child psychology, New York 1963
McClelland, D. (Hrsg.): Studies in motivation, New York 1955
McDougall, W.: Aufbaukräfte der Seele, Stuttgart 1947[2]
McNeill, D.: Anthropological psycholinguistics, Harvard University 1965
Mead, M.: Geschlecht und Temperament in primitiven Gesellschaften, Hamburg 1959
Mead, M.: Mann und Weib, Reinbek 1962[4]
Mead, M.: Jugend und Sexualität in primitiven Gesellschaften, 3 Bde. München 1970
Mead, M.: Der Konflikt der Generationen, Olten 1971
Meili, R.: Lehrbuch der Psychologischen Diagnostik. Bern 1965[5]
Meili, R.: Beobachtungen über charakterologisch relevante Verhaltensweisen im 3. u. 4. Lebensmonat, Schweiz. Zschr, f. Psychol. 12, 1953
Meili, R.: Anfänge der Charakterentwicklung, Bern/Stuttgart 1957
Meili, R. / Rohracher, H.: Lehrbuch der experimentellen Psychologie, Bern 1971[3]
Messer, A.: Psychologie, Leipzig 1934[5]
Metzger, W.: Psychologie, Darmstadt 1954[2]
Metzger, W.: Frühkindlicher Trotz, Basel 1956
Metzger, W.: Die Entwicklung der Erkenntnisprozesse, In: Thomae, H. (Hrsg.): Handbuch der Psychologie, Bd. 3, Göttingen 1959
Metzger, W.: Schöpferische Freiheit, Frankfurt/M. 1962[2]
Miller, N. E. / Dollard, J.: Social learning and imitation, New Haven 1941
Mitscherlich, A.: Auf dem Weg zur vaterlosen Gesellschaft, München 1968
Mittenecker, E.: Planung und statistische Auswertung von Experimenten, Wien 1958[2]
Moers, M.: Die Entwicklungsphasen des menschlichen Lebens, Ratingen 1953
Monakow, G. v. / Mourgue, R.: Biologische Einführung in das Studium der Neurologie u. Psychopathologie, Stuttgart 1930
Montessori, M.: Von der Kindheit zur Jugend, Freiburg 1966
Moser, T.: Jugendkriminalität und Gesellschaftsstruktur, Frankfurt/M. 1971[2]
Mühle, G.: Definitions- und Methodenprobleme der Begabungsforschung In: Roth, H. (Hrsg.): Begabung und Lernen, Stuttgart 1969
Mühle, G. / Schell, Chr.: Kreativität und Schule, München 1970
Müller, A.: Über die Entwicklung des Leistungsanspruchsniveaus, Zschr. Psychol. 162, 1958
Müller-Freienfels, R.: Menschenkenntnis und Menschenbehandlung, Berlin 1940
Mussen, P. H. (Hrsg.): Handbook of research methods in child development, New York 1967[4]
Mussen, P. H.: Einführung in die Entwicklungspsychologie, München 1971
Muuss, R. E.: Adoleszenz, Stuttgart 1971

Nash, I.: Developmental psychology, Englewood Cliffs 1970
Neidhart, Fr. u. a.: Jugend im Spektrum der Wissenschaften, München 1970
Newman, H. F. / Freeman, F. N. / Holzinger, K. J.: Twins: a study of heredity and environment Chicago 1937
Nickel, H.: Die visuelle Wahrnehmung im Kindergarten- und Einschulungsalter, Bern/Stuttgart 1967
Nickel, H.: Untersuchungen über den Einfluß eines besonderen Trainings auf die visuelle Differenzierungsfähigkeit 4 bis 5jähriger Kinder, Ber. 26. Kongr. D. G. F. Ps. Göttingen 1969
Nickel, H.: Die Bedeutung planmäßiger Übung für die Entwicklung einer differenzierenden visuellen Auffassung im Vorschulalter, Zschr. Entw. Psychol. u. Päd. Psychol. 1, 1969
Nickel, H.: Entwicklungspsychologie des Kindes- und Jugendalters, Bern/Stuttgart 1972
Nuttin, I.: Motivation, In: Lexikon der Psychologie, Bd. 2 Freiburg 1971

Oerter, R.: Moderne Entwicklungspsychologie, Donauwörth 1970[8]
Oerter, R.: Psychologie des Denkens, Donauwörth 1971
Oevermann, U.: Schichtenspezifische Formen des Sprachverhaltens, In: Roth, H. (Hrsg.): Begabung und Lernen, Stuttgart 1969[3]
Olson, W. C.: Die Entwicklung des Kindes, Bad Homburg 1953
Opaschowski, H. H.: Jugendkundliche Gegenwartsprobleme, Bad Heilbrunn 1971
Osterrieth, P.: Le problème des stades en psychologie de l'enfant. Symposium de l'Association de psychologie scientifique de langue française, Genf 1955

Parsons, T.: Beiträge zur soziologischen Theorie, Neuwied 1964
Pawlow, I. W.: Zwanzigjährige Erfahrungen mit dem objektiven Studium der höheren Nerventätigkeit (des Verhaltens) der Tiere, Sämtliche Werke, Berlin 1953
Petzelt, A.: Kindheit, Jugend, Reifezeit, Freiburg 1951
Pfaffenberger, H.: Untersuchung über die visuelle Gestaltwahrnehmung vorschulpflichtiger Kinder, Weinheim 1960
Piaget, J.: Psychologie der Intelligenz, Zürich 1947
Piaget, J.: Das Erwachen der Intelligenz, Stuttgart 1969
Piaget, J.: Nachahmung, Spiel und Traum, Stuttgart 1969
Piaget, J.: Die Entwicklung des Erkennens I. Das mathematische Denken, Stuttgart 1972
Piaget, J.: Die Entwicklung des Erkennens II. Das physikalische Denken, Stuttgart 1972
Piaget, J.: Die Entwicklung des Erkennens III. Das biologische Denken, Das psychologische Denken. Das soziol. Denken. Stuttgart 1973
Piaget, J.: Theorien und Methoden der modernen Erziehung, Wien / München / Zürich 1972
Piaget, J.: Urteil und Denkprozeß beim Kinde, Düsseldorf, 1972
Portmann, A.: Die biologische Bedeutung des ersten Lebensjahres beim Menschen o. O. 1944
Portmann, A.: Biologische Fragmente zu einer Lehre vom Menschen, Basel 1951[2]
Portmann, A.: Zoologie und das neue Bild vom Menschen, Hamburg 1956
Preyer, W.: Die Seele des Kindes, Leipzig 1882

Revers, W. J.: Frustrierte Jugend, Salzburg 1969
Richardsohn, St. A. / Dohrenwend, B. S. / Klein: Interviewing. Its Form and Foundations. New York 1965

Richter, H. E.: Eltern, Kind, Neurose, Stuttgart 1967[2]
Roessler, W.: Jugend im Erziehungsfeld, Düsseldorf 1957
Rogers, C. R.: Entwicklung der Persönlichkeit, Stuttg. 1973
Rosenblith, I. F.: Learning by imitation in kindergarten. Children, Child Development 30, 1959
Rosenthal / Jacobsen: Pygmalion im Unterricht, Weinheim 1971
Roth, H.: Pädagogische Psychologie des Lehrens und Lernens, Hannover 1967[10]
Roth, H.: Pädagogische Anthropologie I, Hannover 1966
Roth, H. (Hrsg.): Begabung und Lernen, Stuttgart 1969[3]
Rothacker, E.: Die Schichten der Persönlichkeit, Bonn 1956[6]
Rubinstein, S. L.: Grundlagen der allgemeinen Psychologie, Berlin 1962[5]

Salber, W.: Die Entwicklung der Sprache, In: Thomae, H. (Hrsg.): Handbuch der Psychologie Bd. 3, Göttgn. 1959
Samstag, K. / Baus, M.: Pädagogisch-psychologisches Testen, Anleitung zur Testarbeit in der Schule. Bad Heilbrunn 1962
Samstag, K.: Informationen zum Lernen im Vorschulalter, Bad Heilbrunn 1971
Sapir, E.: Language. In: Encyclopedia of the Social Sciences
Sarason, S. B. et al.: Angst bei Schulkindern, Stuttgart 1971
Scharmann, Th.: Die individuelle Entwicklung in der sozialen Welt, In: Handbuch der Psychologie Bd. 3, Göttingen 1959
Schelsky, H.: Die skeptische Generation, Düsseldorf 1958[2]
Scheltema, Fr. A. v.: Die geistige Wiederholung, Bern 1964
Schenk-Danzinger, L.: Schuleintrittsalter, Schulfähigkeit und Lesereife, Stuttgart 1969
Schenk-Danzinger, L.: Entwicklungspsychologie, Wien 1970[2]
Schenk-Danzinger, L. (Hrsg.): Handbuch der Legasthenie im Kindesalter, Weinheim 1971[2]
Schenk-Danzinger, L.: Pädagogische Psychologie, Wien 1972
Schmalohr, E.: Psychologische Untersuchungen zum Duisburger Frühleseversuch, Ztschr. Schule und Psycholog. 16, 1969
Schmidt, H. D.: Allgemeine Entwicklungspsychologie, Berlin 1970
Schmidt-Kolmer, E.: Verhalten und Entwicklung des Kleinkindes, Berlin 1960
Schmoock, P.: Neues Modell der Vorschulerziehung für die Unesco, Ztschr. Schule und Psychologie, 17, 1970
Schraml, W. J.: Einführung in die Tiefenpsychologie für Pädagogen und Sozialpädagogen, Stuttgart 1971[4]
Schraml, W. J.: Einführung in die moderne Entwicklungspsychologie, Stuttgart 1972
Schüttler-Janikulla, K.: Einschulungsalter und Vorklassenbetreuung, München 1968
Sebeok, T. A.: Animal Communication, Science 147, 1965
Seiß, R.: Allgemeine Psychologie, Bad Heilbrunn 1970
Shing, J. A. L.: Die Wolfskinder von Midnapore, Heidelberg 1964
Skinner, B. F.: Science and human behavior, New York 1965
Skowronek, H.: Umwelt und Begabung, Stuttgart 1973
Smith, L. M. / Hudgins, B. B.: Pädagogische Psychologie I u. II., Stuttgart, 1971 u. 1972
Spitz, R. A.: Hospotalism. An inquiry into the genesis of psychiatric conditions in early childhood. Psychoanalytic Study of the Child 1, 1945 u. 2, 1946
Spitz, R. A.: Die Entstehung der ersten Objektbeziehungen, Stuttgart 1962[2]
Spitz, R. A.: Vom Säugling zum Kleinkind, Stuttgart 1967

Spitz, R. A. / Wolf, K.: Anaclitic depression. Psychoanalytic Study of the Child, 2, 1946
Spranger, E.: Psychologie des Jugendalters, Heidelberg 1957[25]
Stemme, Fr.: Pädagogische Psychologie, Bad Heilbrunn 1970
Stern, W.: Jugendpsychologie, Breslau 1923
Stern, W.: Psychologie der frühen Kindheit, Heidelberg 1952[7]
Stirnimann, F.: Psychologie des neugeborenen Kindes, Zürich 1940
Stott, L. H.: Child development. An individual longitudinal approach. New York 1967
Stratz, C. H.: Der Körper des Kindes und seine Pflege, Stuttgart 1923
Süllwold, F.: Schultests. In: Heiss, R. (Hrsg.): Handbuch der Psychologie, Bd. 6, Göttingen 1964

Tanner, J. M. / Inhelder, B.: Discussions of child development, Bd. 4, London 1960
Terman, L. M. (Hrsg.): Genetic studies of genuis, Bd. I–IV, Calif. 1925–1947
Terman, L. M. / Oden, M. H.: Genetic studies of genius, Calif. 1958
Thomae, H.: Längsschnittuntersuchungen zum Problem der Beziehungen zwischen körperlicher und seelischeer Entwicklung, Zschr. f. exp. u. angew. Psychol. 4/1957
Thomae, H. (Hrsg.): Handbuch der Psychologie, Bd. 3, Entwicklungspsychologie, Göttingen 1959[2]
Thomae, H.: Psychische und soziale Aspekte des Alterns, Zschr. für Gerontologie, Heft 1, Darmstadt 1968
Thomae, H.: Altern als psychologisches Problem. Ergebnisse einer gerontologischen Längsschnittstudie, Ber. 26. Kongr. DGfPs, Göttingen 1969
Thomae, H. u. Lehr, U. (Hrsg.): Altern, Probleme und Tatsachen, Frankf./M. 1968
Tinbergen, N.: Instinktlehre, Berlin/Hamburg 1964[3]
Tolman, E. C.: Purposive behavior in animals and men, New York 1932
Toman, W.: Die erste Lebenszeit und ihre prägende Wirkung. In: Haseloff O. W. u. Stachowiak, H.: Moderne Entwicklungspsychologie, Berlin 1956
Torrance, E. P.: Die Pflege schöpferischer Begabung. In: Mühle, G./Schell, Chr.: Kreativität und Schule, München 1970
Traxel, W.: Über Gegenstand und Methoden der Psychologie, Bern/Stuttgart 1968
Trouillet, B.: Vorschulerziehung in den USA. Inst. f. intern. Päd. Forschung, Frankfurt, Weinheim 1970
Tumlirz, O.: Abriß der Jugend- u. Charakterkunde, Bad Heilbrunn 1958[6]

Ulshöfer, R. / Rebel, K. H. (Hrsg.): Gymnasium und Sozialwissenschaften, Heidelberg 1968
Undeutsch, U.: Somatische Akzeleration und psychische Entwicklung der Jugend der Gegenwart, Stud. generale 5, 1952
Undeutsch, U.: Entwicklung und Wachstum. In: Thomae, H.: Handbuch der Psychologie, Bd. 3, Göttingen 1959
Undeutsch, U.: Die psychische Entwicklung der heutigen Jugend, München 1966

Vernon, M. D.: Backwerdness in reading. Cambridge 1957
Voss, J. F.: Approaches to thought, Columbus Ohio 1969
Volkelt, H.: Primitive Komplexqualitäten in Kinderzeichnungen, Jena 1924
Volkelt, H.: Fortschritte der experimentellen Kinderpsychologie, Ber. 9. Kongr. exp. Psychol.; München 1925

Wasna, M.: Die Entwicklung der Leistungsmotivation, München 1970
Watson, R. I.: Psychologie of the Child, New York 1965[2]
Wechsler, D.: Die Messung der Intelligenz Erwachsener, New York 1955, Bern/Stuttgart 1964
Weinert, F.: Über den Einfluß kurzzeitiger Lernprozesse auf die Denkleistungen von Kindern. Ber. 25. Kongr. DGfPs., Göttingen 1967
Weinert, F. (Hrsg.): Pädagogische Psychologie, Köln 1967
Weltner, K.: Informationstheorie und Erziehungswissenschaft, Quickborn 1970
Werner, H.: Einführung in die Entwicklungspsychologie, München 1953[3]
Whorf, B. L.: Sprache- Denken-Wirklichkeit, Hamburg 1963
Witte, W.: Einführung in die mathematische Behandlung psychologischer Probleme, In: Dorsch Fr.: Psychologisches Wörterbuch, Hamburg/Bern 1970[8]
Witte, W.: Struktur, Dynamik und Genese von Bezugssystemen, Zschr. Psycholog. Beiträge IV (1960)
Wygotski, L. S.: Denken und Sprechen, Frankfurt/M. 1969

Yarrow, L. J.: Maternal deprivation: toward an empirical and conceptual re-evaluation. Psychol. Bull. 58, 1961

Zazzo, R.: Stages of psychological development of the Child, London 1956
Zeaman, D. / Denegre, J.: Variability of irrelevant discriminative stimuli, Journ. exp. Psychol. 73, 1973
Zeller, W.: Konstitution und Entwicklung, Göttingen 1964[2]
Zietz, K.: Abriß der Kinder- und Jugendpsychologie, Braunschweig 1953
Zigler, E. / Child, J. L.: Socialization. In: Lindzey, G. und Aronson, E. (Hrsg.): The handbook of social psychology. Bd. 3, London 1968[2]
Zimmermann, D. W.: Durable secondary reinforcement: Methods and theory. Psychol. Rev. 64, 1957
Zulliger, H.: Heilende Kräfte im kindlichen Spiel, Frankfurt/M, 1970
Zulliger, H.: Horde-Bande-Gemeinschaft, Stuttgart 1961
Zulliger, H.: Die Angst unserer Kinder, Frankf./M. 1969

Namenregister

Abegg, W. 124
Aebli, H. 51, 85, 87, 97
Adler, A. 77, 87
Anastasi, A. 45, 56, 85, 87
Arbutnoth 114, 116
Arndt, E. M. 31, 37
Atteslander, P. 122, 124, 137, 138, 139

Bach, J. S. 39
Bäumler, Fr. 37, 68, 69, 70, 85, 86, 87, 98
Baker, C. T. 133
Baldwin, A. L. 133
Baltes, P. B. 134, 139
Barker, R. G. 138
Bauer, W. 128, 136, 138, 139
Bayley, N. 133
Beach, F. A. 51, 85
Beethoven, L. v. 82
Bergius, R. 85, 91, 98, 105, 106, 115, 116
Bernouilli, J. 39
Bernstein, B. 86
Bien, G. 65, 86
Bloom, B. S. 42, 72, 85, 87, 115, 133, 139
Bollnow, F. 37
Bowlby, J. 57, 86
Bühler, Ch. 58, 65, 86, 124
Bühler, K. 16, 22
Busemann, A. 106, 108, 116, 122, 138

Carroll, J. B. 16, 22
Cattell, R. B. 24, 36, 114, 116
Child, J. L. 86
Clostermann, G. 122
Coerper, C. 58, 86, 139
Commenius, J. A. 28, 36
Comte, A. 118, 138
Cooley, Ch. 56, 86
Crutchfield, R. S. 87, 112, 116

Darwin, Ch. S. 27, 33, 39
Dearborn, W. F. 133
De Landsheere, G. 138
Dietrich, G. 87
Dohrenwend, B. S. 138
Dührssen, A. 58, 86
Dürer, A. 39
Duhm, E. 98

Ebert, E. 133
Einstein, A. 82
Elashoff, J. D. 87
Enke, W. 45, 85
Enßlen, N. 122

Fankenhauser, G. 116
Fend, H. 52, 85
Feuerbach, A. 39
Fischel, W. 19, 23
Fischer, W. 124
Flory, C. D. 133
Foppa, Kl. 98
Fraisse, P. 66, 86
Freeman, F. N. 41, 85, 133
Freud, A. 49, 85
Freud, S. 76, 87, 115
Frisch, K. v. 14
Fröbel, Fr. 32, 37, 105, 115

Gast, H. 88, 97
Gates, A. J. 45
Gehlen, A. 11, 18, 20, 22
Gesell, A. 109, 116
Gilen, L. 122
Goethe, J. W. v. 88
Götz, E. 68, 86
Goodall, J. 22
Gwinner, E. 10

Haeckel, E. 27
Hagen, W. 86, 139
Harrell, R. F. 45
Hassenstein, B. 16, 22
Hebb, D. O. 35, 37, 42, 85
Heckhausen, H. S. 79, 85, 87
Heiss, R. 95, 104, 115
Hellpach, W. 64
Herbart, J. F. 6
Hetzer, H. 58, 65, 86
Höhn, E. 37, 87
Hörmann, H. 22

Holzinger, K. J. 41, 85
Hunt, J. M. V. 86

Itard, J. M. G. 127
Irwin, O. C. 65

Jacobi, J. 103, 115
Jacobson, L. 87
Jones, H. E. 62, 133
Jung, C. G. 81, 87, 103, 115

Kainz, Fr. 16, 22
Kant, I. 25, 138
Kelchner, M. 122
Kelley, E. L. 132
Kemmler, L. 85
Kern, A. 50, 67, 69, 85, 86
Klein, D. 23, 138
Koehler, O. 20, 21
Köhler, W. 23
Krech, D. 87, 112, 116
Kroh, O. 105, 116, 122
Küppers, W. 124, 138
Kunz, L. 122

Landau, E. 98
Lange-Cossak, H. 44, 85
Lange, J. 40, 85
Langeveld, M. J. 87
Lehr, U. 108, 116
Leisegang, H. 36, 100 115
Lempp, R. 45, 85
Lersch, Ph. 20, 78, 87
Lewin, K. 89, 92, 98
Liefmann-Kel, E. 26, 36
Lincoln, A. 82
Lindauer, M. 16
Litt, Th. 22
Lorenz, K. 94
Lückert, R. 98

Mall, H. 87
Maslow, A. H. 78, 79, 80, 81, 82, 87, 111, 112, 114, 116
Mc.Carthy, D. 66, 86
Mc.Farlane, W. 138
Mead, M. 51, 54, 85, 86, 107, 116
Meili, R. 133, 139
Messer, A. 138
Metzger, W. 91, 97, 98
Moers, M. 106, 116
Monakow, C. v. 102, 115
Mourgue, R. 115
Mozart, W. A. 39
Mühle, G. 87, 97
Müller, Fr. 27
Müller-Freienfels, R. 115

Neidhardt, Fr. 60, 86
Nelson, E. N. P. 132
Nelson, L. v. 133
Newman, H. F. 41, 85
Nickel, H. 37, 67, 86, 115, 134, 139

Oerter, R. 37, 87, 98
Oevermann, U. 86
Olson, W. L. 133
Oesterrieth, P. 106, 116
Owens, W. A. 62, 132

Parreren, C. F. v. 97
Petzelt, A. 81, 87
Piaget, J. 22, 98, 102, 113, 115, 116, 121
Portmann, A. 10, 22, 46, 85, 87
Preyer, W. 28, 36

Raffael, S. 39
Rang, M. 29, 36
Regnet, H. 122
Richardson, St. A. 138
Richter, K. S. 36
Rilke, R. M. 101, 115
Rohracher, H. 85
Rosenthal, R. 87
Roth, H. 12, 22, 23, 42, 73, 85, 86, 87
Rothacker, E. 102, 103, 115
Rothney, J. W. M. 133
Rousseau, J. I. 29, 30, 31, 36
Rubinstein, S. L. 85

Samstag, K. 86, 87
Sapir, E. 64, 86
Scharmann, Th. 54, 86
Scheler, M. 20
Scheltema, F. A. v. 27, 108, 116
Schiller, Fr. 118

Schlegel, Fr. 25
Schmalohr, E. 85
Schmeïng, K. 122
Schmidt, H. 27
Schweitzer, A. 82
Sebeok, T. A. 16
Selg, H. 128, 136, 138, 139
Shakespeare, W. 105
Shing, J. A. L. 11, 87
Siemens, W. v. 39
Simmons, K. 133
Snow, R. D. S. 87
Sontag, L. W. 133
Spitz,, R. A. 57, 85, 86
Spranger, E. 33, 37, 87, 124
Stern, E. 34, 37
Stern, W. 19, 23, 37
Stratz, C. H. 108, 116
Stumpp, R. 68, 86

Terman, L. M. 62, 132
Thomae, H. 36, 37, 62, 85, 86, 89, 95, 115, 117, 119, 122, 130, 138, 139
Tizian, V. 39
Torrance, E. P. 74, 87
Tumin, M. 75, 87

Veihelmann, G. 69, 70, 86
Voltz, J. M. 104

Wechsler, D. 22, 100, 115, 119
Weigl, F. 122
Weinert, F. 86
Werner, H. 89, 97
Wolf, K. M. 57, 86
Woodyard, E. 45
Wright, H. F. 120, 138

Zazzo, R. 116
Zero 39

Sachregister

Abstammungslehre 27
Äquivalenz-Koeffizient 128
Adoleszenz 59
Akkulturation 63, 64
Aktive Gestaltung 75, 77, 80, 84
Akzeleration 47, 60, 102, 133
Altersforschung 51, 62
Anaklitische Depression 49
Analytische Psychologie 81, 103
Angeborene Eigenschaften 83
Angst 10
Anlage 33, 34, 35, 42
Anpassungsfähigkeit 19
Anpassungsvorgänge 54, 90
Anthropologie 9 f.
Arbeitshypothese 35, 122
Asphysie 44
Aufklärung 29
Aufsatz-Auswertung 122, 123
Ausdruck 16, 18
Auslöserfunktion 34
Auswertung 135
Autosomen 38
Autobiographie 124

Balance of power 25
Bauplan 34, 35, 36, 107
Bedürfnisse 82
Beeinflussungseffekt 121
Befruchtung 27, 38
Begabung 40, 41, 72, 89, 94
Begriffe 18, 21, 72
Beobachtung 30, 119
Berkeley Growth Studie 133
Bewußtsein 103, 104
Bezugssystem 96, 125
Bienensprache 16
Bildbarkeit 28
Bildhaftes Darstellen 88
Biogenetisches Grundgesetz 27, 28, 108
Biologie 27
Brush Foundation Study 133

California Growth Study 133
Chemisch-nachgeburtliche Einflüsse 35
Chemisch-vorgeburtliche Einflüsse 35
Chicago Study 133
Code (Kode) 18

Daten-Gewinnung 118
Daten-Verarbeitung 135
Darstellung 16, 135
Darstellungs-Experiment 127
Decodierverhalten 17
Definitionen 19
Denken 18, 19
Denkmodell 26
Dependenz-Analyse 127
Deprivation 49, 57, 95
Deskriptions- u. Interferenzstatistik 136
Deszendenztheorie 27
Determinanten 38
Differenzierung 13, 88
Disengagement 63
Disposition(en) 15
Dokumente (Auswertung) 123
Dynamik 25, 26, 53, 89, 111

Egozentrismus 96
Eidetik 101
Einstellung 19
Elektronische Datenverarbeitung 136
Embryonalzeit 43
Empirie 30, 31
Empirische Methoden 17, 30, 36
Encodierverhalten 17
Endogen bedingte Ausformung 46
Engagement 63
Enhydra lutris 15
Enkulturation 63, 84
Entfaltung 24
Entwicklung 24, 25, 26, 63, 88
Entwicklungsbegriff 24, 25, 26, 28, 33
Entwicklungsprozeß 26
Entwicklungspsychologie 28, 29, 33
Entwicklungsstörungen 49
Epigenese 27
Erbfaktoren 27, 38, 39
Ernährung 45, 48
Erziehung 29, 32,

Erziehungsbedürftigkeit 22
Evolution 27
Experiment 127
Explikation 24
Exploration 126
Externe Stimulatoren 52

Faktorengefüge 27
Fels Institute Study 133
Flegelalter 59, 107
Forcierung 31
Formbarkeit 12, 13
Forschungsbericht 137, 138
Forschungsmethoden 117
Fragebogen (Methode) 124
Fraktionierte Form der Beobachtung 120
Freie Beobachtung 119
Freie Exploration 126
Frühkindliche Hirnschädigung 35, 44, 45
Frustration 92

Ganzheit des Entwicklungsgeschehens 91
Ganzheitspsychologie 91
Gehirnentwicklung 102
Gehirnwesen 12, 21
Gene 38
Generalisierung 101, 121
Generationseffekt 134
Genetische Einflüsse 35
Gerontologie 60
Gerontologische Forschung 51
Geschichte 24, 25
Geschlecht 56
Gesellschaftliche Ordnung 26
Gesetz (in der Entwicklung) 25, 36
Gesetzmäßigkeit 34
Gestaltspsychologie 91
Gezielte Beobachtung 119
Gleichgewichtslagen 25, 26
Gliederungsfähigkeit 51, 67, 68
Grundvariable 9

Halo-Effekt 122
Harvard Growth Study 133
Hiatus 13, 15
Höherentwicklung 100, 110
Homo faber 15
Homo sapiens 13, 22, 94
Hospitalismus 49
Hypothesenbildung 119, 122, 137

Individualentwicklung 27, 100
Indivdiualpsychologie 77
Information 126
Inhaltsvalidität 128
Instinkt 11, 12, 13, 75
Integration 93, 115
Intelligenz 18, 20, 40, 45, 114
Intelligenzentwicklung 41, 113
Intelligenzniveau 19, 41, 70, 71
Intelligenzprüfung 70
Intelligenz-Test 70, 71, 72
Intentionales Verhalten 17
Interaktionshypothese 70, 74, 84
Interjektionen 18
Interpretation 135
Interpretierendes Verhalten 17
Intervenierende Variable 10
Iowa Studies 133
Irritierungseffekt 121

Jahresringmodell 101, 102

Kanalisation 95, 96, 97
Kinderkrankheiten 47, 49
Klinische Methode 120
Kode (Code) 18
Körpergröße 47, 48
Kognitive Strukturen 92
Kollektives Unbewußtes 104
Kommunikation 16, 17
Konsistenz-Koeffizient 128
Konstrukt-Validität 128
Kontrolluntersuchungen 137
Konvergenz 34
Konzentration 19
Koordination 115
Koppelung von Längsschnitt- und Querschnitt-Verfahren 134, 135
Kreativität 74, 90, 97
Krisen 51, 59, 60
Kultur 29, 64, 77
Kundgabe 16

Labyrinth-Versuche 21
Längsschnittstudien 132

Längsschnittuntersuchungen 113, 132
Leistungsformen 12
Leitlinien 52
Lernbedürftigkeit 12, 22
Lernen 24
Lernfähigkeit 18, 22, 94
Libido 76

Mängelwesen 12
Mehrdimensionale Sichtweise 35
Mehrdimensionalität 97
Michigan Study 133
Milieueinwirkung 35
Milieufaktoren 38
Mißbildung 39
Mitteilung 17
Mobilität 96
Modell 99
Modellvorstellungen 33
Mongolismus 39, 83
Mothering 49
Motivation 19, 25, 73, 79
Mündigkeit 52
Mutabilität 27
Mutationen 43
Mutter-Kind-Bezug 13

Natürliche Entwicklung 29, 30
Natürliche Erziehung 29
Naturwissenschaft 27, 33, 38
Negative Phase 59, 107
Nestflüchter 10
Nesthocker 10
Nestwärme 57

Objektivität 127
Oedipale Phase 103
Offenheit 13, 21, 59
Ontogenese 27
Organisationszentren 27
Organische Entwicklung 31, 32
Organminderwertigkeit 77

Pädagogik 28, 29, 32
Patterns of behavior 109
Periodik 108
Periodizität 108
Persönliches Unbewußtes 104
Persönlichkeitsstruktur 113
Phänotypus 39
Phasen 105, 106
Phasenmodelle 104
Philosophie 26
Phylogenese 89, 100, 103
Pilot-Studien 119, 124
Plastizität 13, 53, 104
Polythematische Theorien 77
Postnatale Einwirkungen 44
Präformation 27, 36
Prägnanz 89, 90
Prägung 24, 42, 53, 94
Pränatale Veränderungen 43
Prinzipien 88
Produktives Denken 90
Prozeß 38, 91
Prozeß-Charakter 53
Prüfungsexperiment 127
Psychoanalyse 76
Psychogenetisches Grundgesetz 27, 28
Psychologische Beobachtung 30, 118
Pubertät 44, 47, 51, 59, 109
Pubeszenz 59
Pygmalioneffekt 107

Querschnittsmodell 114
Querschnittsuntersuchungen 130, 131

Rating-Verfahren 128
Raumanalyse (Dimensionsanalyse) 136
Reflexe 90
Regression 92
Regressions- und Korrelationsanalyse 136
Regulative Idee 25
Reifungsvorgänge 46
Reizüberflutung 48
Reliabilität 127
Rigidität 97
Ruf-Antwort-System 17

Säuglingsalter 32
Schichtmodell 102
Schichtzugehörigkeit 65
Schimpansen 14, 21
Schonraum 60
Schlußbildung 18
Schlußinterpretation 137

Schulreife 50, 67, 129
Selbstgestaltung 78, 113, 114
Selektion 27
Sensorisch-konstante Einflüsse 35
Sensorisch-variable Einflüsse 35
Sequenz 38
Sexuelle Reifung 48
Skelett-Reifung 47
Sonderstellung 17, 18
Soziabilität 13, 114
Soziale Determinante 52
Sozialisation 52, 54, 84
Sozio-kulturelle Faktoren 35
Soziologie 25
Spirale 27, 110
Spiralen-Modell 108
Split-half-Methode 128
Sprache 15, 16, 17, 18, 50, 63, 96
Sprachfunktionen 16, 18
Stabilitäts-Koeffizient 128
Stammbaumdarstellungen 39, 40
Stammesgeschichte 27
Standardisierte Exploration 126
Steuerungsfähigkeit 80
Strukturen 92, 93
Strukturierung 92
Stufen 32, 104, 105
Stufenmodell 104
Substanz 34
Synästhesien 101

Tabu 55
Tagebücher 124
Taxometrie 136
Temperament 31
Test 123, 127
Theorie 30, 32
Trainierbarkeit von Funktionen 70
Traumata 35
Triebtheorie 76
Trotzperiode 106, 109

Übereinstimmungsvalidität 128
Umwelt 34, 35, 94
Umwelteinflüsse 34, 91, 92
Umweltfaktoren 94, 131
Unbewußtes 10, 103, 104
Unbenanntes Denken 21
Ungleichgewicht 26
Unterteilung des Entwicklungsganges 36
Urteilsbildung 18, 21

Valenzen 89
Validität 127
Variable 9, 10, 111, 117, 118, 131
Varianz- und Kovarianzanalyse 136
Variativität 96
Veränderung 25, 26, 36, 117, 118
Vererbung 38, 39, 40, 83
Verfestigung 52
Verfrühung 30
Verhaltensforschung 9, 15
Verhaltensmerkmale 117, 118
Verhaltensorganisation 12, 38, 107, 113
Verlaufsformen der Pubertät 60
Veröffentlichung wissenschaftl. Untersuchungen 138
Vorhersagevalidität 128
Vorurteile 122
Vorversuche 125

Wachstum 28, 29, 46, 108
Wachstumsmodell 101
Wahrnehmung 66, 88
Weltbewältigung 18
Weltbild 14
Werkzeuggebrauch 14, 15
Werkzeugherstellung 14, 15, 20
Werthaltungen 94
Wiederholung 108, 110 128
Wirtschaftspolitik 26
Wissenschaft 28, 29
Wolfskinder 12, 14, 36, 81
Wortschatz 65, 66

Zahnwechsel 47
Zeiterleben 96
Zeitintervall-Beobachtung 120
Zeitreihenanalyse 136
Zentralisation 90, 91
Zweipoligkeit 35
Zwillingsforschung 40

Zum erzieherischen Verhältnis

Julius Klinkhardt

Bad Heilbrunn/Obb.

Das erzieherische Verhältnis

Theorie des erzieherischen Verhältnisses